KB232983

쉽게 배우는 영작문

쉽게 배우는

영작문

정효숙 지음

KSI 한국학술정보㈜

머리말

영작을 잘하는 방법

1. 영어의 5형식 기본 문형을 알아야 한다

영어는 문형이 아무리 길더라도 결국에는 5형식의 문형 속에 들어 있다. 따라서 이 5형식의 기본 문형이 우리 머릿속에 녹아 있지 않고서는 도저히 영작을 할 수 없다. 영어와 한국어의 순서가 다르므로 처음에는 의식적으로 5형식의 문장 틀 속에 맞추어야 함으로 느리고 어색할 수 있으나 여러 번 반복하여 연습하면 자동적으로 5형식에 맞추어서 영작을 할 수 있게 되고 올바른 영어가 된다.

5형식은 **주어 · 동사 · 목적어 · 보어**로 이루어지며 그 외의 수식어구인 형용사구와 부사구는 5형식에 영향을 미치지는 않지만 뜻을 좀 더 정확히 쓰기 위해서 필요하다.

2. 영문법을 알아야 한다

한국 사람도 한글을 쓰기 위해서 국어 시간에 한글 문법 체계를
배웠듯이 영어를 배우기 위해서는 영문법을 반드시 공부하여야 한
다. 영어공부를 시작하려는 사람들 중에는 문법공부를 하지 않고
그냥 회화중심으로 배우겠다는 사람들이 종종 있다. 이러한 사람들
은 원어민들이 말을 하거나 글을 쓸 때 문법에 상관없이 영어를
한다고 생각하기 때문이다. 그러나 이것은 잘못된 생각이다. 올바
른 글을 쓰고 정확한 말을 하기 위해서는 기본적인 문법을 암기하
여 우리의 의식 속에 자연스레 녹아 특별히 문법이라는 생각이 나
지 않을 정도로 해야 한다.

3. 영어의 주요 기본 구문을 암기하여야 한다

구문을 많이 알고 있으면 영작을 쉽게 할 수 있다. 예를 들어
'사람들이……라고들 한다.'라고 할 때는 'They say that……' 또는
'I am told that……'로 표현할 수가 있다. 따라서 이 구문을 활용

하여 'It is said that he is rich' '사람들이 그가 부자라고 말한다.'
혹은 'They say that he is in the hospital' '그가 병원에 입원했다
고들 한다.' 등 얼마든지 응용하여 대치할 수가 있다. 따라서 주요
구문의 암기는 영작을 수월하게 하는 데 꼭 필요하다.

4. 중요 단어와 숙어를 많이 알아야 한다

영어실력은 단어와 숙어가 좌우한다고 해도 과언이 아니다. 기
본적인 단어를 익히고 그에 따른 파생어를 함께 익혀서 단어 실력
을 향상시키는 것이 중요하다. 특히 주요 기본 동사의 다양한 뜻
을 익히는 것이 좋다. 또한 주요 숙어를 많이 아는 것이 무엇보다
도 필요하다. 숙어를 암기하지 않고 영작을 쉽게 익힐 수 없다.
따라서 이 책은 기본 5형식, 문법별, 그리고 숙어와 구문의 활용
을 통한 방법으로 영작을 숙달할 수 있도록 하고자 한다.

차 례

다섯 가지 문형

제5형식의 문형

①제1형식 문형: 주어＋자동사(S＋V)
②제2형식 문형: 주어＋자동사＋보어(S＋V＋C)
③제3형식 문형: 주어＋타동사＋목적어(S＋V＋O)
④제4형식 문형: 주어＋수여동사＋간접목적어＋직접목적어(S＋V＋IO＋DO)
⑤제5형식 문형: 주어＋타동사＋목적어＋목적보어(S＋V＋O＋OC)

01 제1문형: 주어＋술어 동사(S＋V)

목적어나 보어 없이 독자적으로 주어의 상태나 동작을 설명할 수 있는 동사를 사용한다.

예문(1) ～가[는, 이] ……한다

1. 인간은 날 수 없다.

*날다: fly

☺'할 수 없다'의 뜻인 조동사 can not을 쓴다.

2. 날이 밝는다.

*날: day 밝다: break

☺3인칭 단수 현재이니 동사에 −s가 붙는다.

3. 지구는 태양 주위를 돈다.

*지구: earth   움직이다: move   주위를: around

☺지구와 해는 유일한 것이므로 정관사 the를 붙인다.

4. 그 공장에서 폭발사고가 일어났다.

*폭발: explosion   일어나다: occur   공장: factory

☺occur은 과거형 ed를 붙일 때 r을 하나 더 붙인다.

5. 겨울이 왔다.

*겨울: winter   오다: come

☺'왔다' 표현은 'has come'으로 표현하며 현재 완료시제이다.

6. 그는 집으로 달려갔다.

*달리다: run   집으로: home

☺home은 부사이므로 전치사 to를 붙이지 않는다.

7. 나는 보통 밤 10시에 잔다.

*보통: usually   자다: go to bed

☺빈도부사인 usually는 be 동사 뒤에, 일반 동사 앞에 온다.

8. 우리는 가끔 외식한다.

*가끔: often   외식하다: eat out

9. 이번 학기는 다음 주에 끝난다.

*이번 학기: this term   끝내다: finish   다음 주: next week

10. 가을에는 나뭇잎들이 떨어진다.

*가을: autumn   나뭇잎들: leaves   떨어지다: fall

11. 그는 시험에 떨어졌다.

* 떨어지다: fail in   시험: examination

12. 내 사촌이 병으로 죽었다.

* 사촌: cousin   ~으로 죽다: die of   병: disease

[영작문]
1. Man cannot fly.
2. The day breaks.
3. The earth moves round the sun.
4. An explosion occurred in the factory.
5. Winter has come.
6. He ran home.
7. I usually go to bed at 10.
8. We often eat out.
9. This term finishes next week.
10. The leaves fall in autumn.
11. He failed in examination.
12. My cousin died of disease.

 보통 타동사로 사용되지만 목적어가 생략되어 자동사로 쓰이는 경우

1. 그는 담배도 안 피우고 술도 안 마신다.

*담배를 피우다: smoke   술을 마시다: drink

☺neither A nor B: A도 B도 아니다

2. 우리는 어디서 갈아타지?

*갈아타다: change

3. 불이 타다.

*타다:burn

☺3인칭 단수 현재라서 동사에 －s가 붙는다.

4. 전화가 울렸지만, 아무 대답도 없었다.

* 울리다: ring   아무도…… 않다: nobody   대답하다: answer

5. 건물이 흔들리고 있다.

*건물: building   흔들리다: shake

6. 그의 새 소설은 잘 팔리고 있다.

*소설: novel   팔다: sell   잘: well

7. 이 천은 세탁이 잘 안 된다.

*천: material   세탁하다: wash

8. 이 오렌지는 껍질이 잘 까진다.

*오렌지: orange   껍질을 벗기다: peel

[영작문]
1. He neither smokes nor drinks.
2. Where do we change?
3. Fire burns.
4. The telephone rang, but nobody answered.
5. The building is shaking.
6. His new novel is selling well.
7. This material does not wash well.
8. This orange peels well.

예문(3) There + be + 주어……

1. 그 마을에는 아름다운 강이 있다.

*아름다운 강: beautiful river   마을: village

2. 역 앞에는 사람들이 많이 있다.

*많은: many   ……앞에: in front of   역: station

3. 내가 먹을 음식은 하나도 남아 있지 않았다.

*음식: food   남기다: leave – left – left

☺food와 left 사이에는 'which was'가 생략되었다.

4. 어제 지진이 있었다.

*지진: earthquake   어제: yesterday

5. 교실에는 아무도 없었다.

*아무도 ……않다: nobody   교실에는: in the classroom

6. 여기 네가 찾고 있는 머리핀이 있다.

*머리핀: hair pin   찾다: look for

☺hair pin과 you 사이에는 관계대명사 which가 생략되어 있다.

7. 여기에 거스름돈과 영수증이 있습니다.

*거스름돈: change   영수증: receipt

8. 한국에는 많은 산이 있다.

*많은: a lot of   산: mountain

9. 내가 피자보다 더 좋아하는 것은 없다.

1. There is a beautiful river in the village.
2. There are many people in front of the station.
3. There was no food left for me.
4. There was an earthquake yesterday.
5. There was nobody in the classroom.
6. Here is the hair pin you are looking for.
7. Here is your change and receipt.
8. There are a lot of mountains in Korea.
9. There is nothing I like more than pizza.

[NOTE]

'There is[are]······'는 '······이 있다'의 뜻으로, 이때의 There은 유도부사로서 아무런 의미가 없으며 이로 인해 주어와 동사의 위치가 바뀐다. 뒤에 주어가 단수이면 is가 오고 뒤에 복수가 오면 are가 온다.

예문 (4) 주어＋동사······＋to 부정사

1. 그녀는 나를 만나기 위해 달려왔다.

*달려오다: run   만나다: meet

2. 사람들은 돈을 벌기 위해 일한다.

* 돈을 벌다: make money

3. 그는 유학을 가기 위해 열심히 공부한다.

*유학가다: study abroad

4. 나는 그를 배웅하기 위해 공항에 갔다.

*배웅하다: see off　　　　　　　공항: airport

5. 우리는 첫 기차를 타기 위해 서둘렀다.

*서두르다: hurry　　　　　　　잡다: catch

6. 그는 자라서 의사가 되었다.

*자라다: grow up

7. 우리 팀은 경기에 이기기 위해 열심히 연습했다.

*연습하다: practice　　　　　경기에서 이기다: win the game

[영작문]
1. She came running to meet me.
2. People work to make money.
3. He works hard to study abroad.
4. I went to the airport to see him off.
5. We hurried to catch the first train.
6. He grew up to be a doctor.
7. Our team practiced hard to win the game.

[NOTE]
'주어＋동사……＋to 부정사' 형태, 즉 '……하기 위하여 ～한다'도 1형
식이다.

02 제2문형: 주어＋술어동사＋보어(S＋V＋C)

무언가 **보충해 주어야** 의미가 연결되는 자동사(불완전 자동사)가
이루는 문형으로서 대표적인 동사는 be와 become이고, **보어가** 되

는 것은 주로 **명사[상당어구]**와 **형용사[상당어구]**이다.

 주어 + be동사 + 명사, 형용사, 절

1. 그 가수는 장님이다.

*가수: singer   장님의: blind

2. 나의 취미는 우표수집이다.

*취미: hobby   우표: stamp   수집: collecting

3. 나의 아버지는 교수이다.

*교수: professor

☺직업 앞에는 부정관사 a, an을 붙인다.

4. 그녀는 유능한 정치가이다.

*유능한: able   정치가: statesman

5. 그는 매우 활동적이다.

*활동적인: active

6. 내 여동생은 개를 무서워한다.

*무서워하다: be afraid of

7. 물은 인간에게 필요한 것이다.

*필요한: necessary   인간: human being

8. 문제는 우리가 돈이 부족하다는 것이다.

*문제: problem   ……이 부족하다: be short of

9. 사실은 그는 소풍을 가지 않았다.

*사실: fact   소풍가다: go on a picnic

10. 이것은 내가 갖기를 원하던 것이다.

*……한 것: what

☺갖고 싶어왔던: have wanted, 현재완료로서 과거에서부터 지금까지 갖
  기를 원했다는 의미

11. 중요한 것은 그가 그 제안을 받아들일 것인지 아닌지이다.

*중요한 것: what matters   제안: offer   받아들이다: accept

12. 내가 말하고 싶은 것은 이것이다.

* ……한 것: what

13. 여기는 유실물 보관소입니다.

*유실물 보관소: lost and found office
☺유실물 보관소나 도서관과 같은 공공건물 앞에는 정관사 the를 붙인다.

14. 뉴욕까지의 요금이 얼마입니까?

*승차 요금: fare

15. 그녀가 돈이 없어서 유감이다.

*……이 유감이다: It's bad that……

16. 컴퓨터 게임에 너무 많은 시간을 허비하는 것은 좋은 생각이 아니다.

*허비하다: spend

17. 이것은 내게 가장 어려운 문제 중 하나다.

*어려운: hard

18. 너는 수학과 과학을 아주 잘한다.

*……을 잘하다: be good at……

[영작문]

1. The singer is blind.
2. My hobby is stamp collecting.
3. My father is a professor.
4. She is an able statesman.
5. He is very active.
6. My sister is very afraid of dogs.
7. Water is necessary to human being.
8. The problem is that we are short of money.
9. The fact is that he didn't go on a picnic.
10. This is what I've wanted to have.
11. What matters is whether he accepts the offer.
12. What I want to say is this.
13. This is the Lost and Found Office.
14. How much is the fare to New York?
15. It's too bad that she has no money.
16. It's not a good idea to spend so much time on computer games.
17. This is one of the hardest problems for me.
18. You are very good at math and science.

[NOTE]

보어는 명사, 형용사, 절이 올 수 있다. 보어가 명사일 때 '주어＝보어'의 관계이며 주어의 상태, 성질을 보완 설명한다. 그래서 이름하여 '주격보어'라고 한다.

15, 16. 접속사 that이 이끄는 명사절이 주어로 쓰일 때 주어가 너무 길면 that절을 문장 뒤로 보내고 주어 자리에 가주어 it을 쓴다.

17. 'one of the＋최상급＋복수명사'는 '가장 ～한 중의 하나'라는 뜻으로 of 이하에는 복수명사가 온다.

18. 'be good at'에는 명사나 동명사만이 올 수 있다. '……을 잘하지 못하다'는 'be poor at……'을 쓴다.

예문(2) ~이 ……처럼 보이다[같다]

1. 그는 대단한 영화 팬 같다.

*영화 팬: movie fan

2. 그 소문은 사실인 것 같다.

*소문: rumor

3. 우리 선생님은 부드러워 보이지만 수업을 하실 때는 아주 엄격하시다.

* 부드러운: gentle   ……하는 동안: while   엄격한: strict

4. 날씨가 점점 추워지는 듯하다.

*추워지다: get cold

5. 그 환자는 오늘 아침 훨씬 나아진 듯하다.

*환자: patient   나아지다: get better

☺much가 비교급을 수식할 때는 '훨씬'의 뜻이 된다.

6. 그녀는 자기 직업에 대해 행복한 듯하다.

*직업: job   ……에 행복하다: happy with

7. 그는 오늘 몹시 화가 난 듯하다.

*……듯이 보이다: appear   화난: angry

예문(3) ~가[은] ……되다

1. 나의 형은 의사가 되었다.

*의사가 되다: become a doctor

2. 우리는 피로해졌다.

*피곤해지다: get tired

3. 아프던 내 친구가 건강해졌다.

*건강해지다: get well

4. 그녀는 훌륭한 아내가 될 것이다.

*되다: make

5. 전화가 뚝 끊어졌다.

*끊어지다: go dead

6. 우물물이 말랐다.

*되다: run   우물: well   마른: dry

7. 겨울에는 날씨가 더 일찍 어두워진다.

*어두워지다: get dark   더 일찍: earlier

8. 그녀는 매우 의기소침해졌다

*의기소침한: depressed

9. 나는 새로운 일에 익숙해졌다.

*익숙해지다: become accustomed to   일: job

10. 그의 꿈은 실현되었다.

*실현되다: come true

11. 그는 즉시 잠에 빠졌다.

*잠에 빠지다: fall asleep   즉시: immediately

12. 그녀는 작년에 뚱뚱해졌다.

* 뚱뚱해지다: grow fat   작년: last year

13. 우리 누나가 오늘 실직했어요.

*실직하다: be(get) fired

14. 영화가 매진이에요.

매진하다: sold out

15. 이 자리는 주인이 있나요?

*차지하다: take

16. 계란은 진절머리가 난다.

*진절머리가 나다: get(be) sick and tired of~

1. My (elder)brother became a doctor.
2. We got tired.
3. My sick friend got well.
4. She will make a good wife.
5. The telephone went dead.
6. The well ran dry.
7. It gets dark earlier in winter.
8. She grew very depressed.
9. I have become accustomed to new job.
10. His dream came true.
11. He fell asleep immediately.
12. She grew fat last year.
13. My sister got fired today.
14. The movie is sold out.
15. Is this seat taken?
16. I got sick and tired of eggs.

예문(ㄴ) (냄새, 맛, 촉감)이 ……하다

1. 이 꽃은 향기롭다.

*향기로운: sweet

2. 이 수프는 시다.

*시큼한: sour

3. 그 종은 깨진 소리가 난다.

* 깨진: cracked

4. 이 종이는 부드럽다.

*종이: paper   부드러운: smooth

5. 이 생선은 비린내가 많이 난다.

*생선: fish   비린내 나는: fishy   많이: a lot

6. 이 약은 쓴 맛이 난다.

약: medicine   쓴: bitter

[영작문]

1. This flower smells sweet.
2. This soup tastes sour.
3. The bell sounds cracked.
4. This paper feels smooth.
5. This fish smells fishy a lot.
6. This medicine tastes bitter.

Tips

양념을 많이 한 : spicy	기름기가 많은 : greasy(oily)
맛없는: tasteless	신, 시큼한: sour
짠: salty	맛좋은, 향 좋은: savory
단: sweet	아삭아삭한: crunch
매운: hot	수분이 많은 : juicy
싱거운: bland	

예문 (1) ～는 ……를 ……한다

1. 그녀는 매주 새 책을 산다.

*매주: every week

2. 그는 훌륭한 연설을 하였다.

*연설하다: make a speech　　　　훌륭한: excellent

3. 나는 가끔 기타를 친다.

*기타 치다: play the guitar

4. 나는 일요일마다 야구를 한다.

*야구를 하다: play baseball

5. 나는 저녁 식사 후 약 한 시간 동안 텔레비전을 본다.

*TV를 보다: watch TV

6. 나는 엄마를 닮았다.

*닮다: resemble

7. 그는 감사를 머리를 숙여 하였다.

*(감사의 뜻 따위로)절을 하여 나타내다: bow

8. 나는 이 셔츠를 10,000원에 샀다.

*사다: buy－bought, bought

9. 내가 손가방을 들어드릴까요?

*손가방: suitcase   들다: carry

10. 돈은 행복을 살 수 없다.

*행복: happiness

11. 어떤 것으로도 무례함을 변명할 수 없다.

*무례함: rudeness   변명하다: excuse

12. 너의 공책을 빌려도 될까요?

*빌리다: borrow

13. 소금 좀 주세요.

*소금: salt

14. 아시아인들은 보통 밥을 먹는다.

*밥: rice   보통: usually

15. 나는 우산을 버스에 두었다.

*우산: umbrella   ……을 두다: leave

16. 그는 모은 돈을 전부 잃었다.

*잃다: lose – lost – lost   모은 돈: savings

17. 일자리가 있어요?

*opening: 일자리

18. 매일 제시간에 오는 것이 중요해요.

*시간에 맞게: on time

19. 다음 주에 하루를 쉬어야겠어.

*하루 쉬다: take a day off

☺take a rest 휴식을 취하다.

20. 이 전화를 윤 선생님 사무실로 연결해 주시겠어요?

*연결하다, 건네다: transfer

21. 전화를 영업부로 연결해 주시겠습니까?

*(전화 등을) 연결하다: put through   영업부: sales department

22. 누구십니까?

23. 나는 예금 잔액을 알고 싶습니다.

*은행잔고[예금 잔액]: balance

24. 제 가방 좀 지켜주시겠어요?

*~를(을) 지켜보고 있다: keep an eye on~

25. 3일간 연휴입니다.

*연이어: in a row(continuously)

26. 그 사람이 영원히 떠날 거라고 생각해요?

*영원히: for good

27. 이 도시에서 쇼핑하기 좋은 장소를 아세요?

*좋은 장소: good place

28. 100만 원을 달러로 바꾸기 원해요

*바꾸다: change~into……

29. 교회 성도들이 그녀를 위해 조금씩 돈을 모았다.

*모으다: collect　　　　　　조금의 돈: nickels and dimes

30. 너는 자라서 무엇이 되고 싶니?

*되다: be　　　　　　자라다: grow up

31. 나는 동물학자가 되고 싶어.

*동물학자: zoologist

32. 나는 위험에 처한 동물들을 보호하고 싶어.

* 위험에 처하게 하다: endanger

33. 너는 과학을 좋아하잖아, 그렇지 않니?

*과학: science

34. 그는 그의 작품을 부끄러워했다.

*부끄러워하는: be shamed of　　　　작품: work

35. 그는 그 아이를 돕지 않았다는 것을 부끄러워했다.

36. 그녀는 경연대회에서 100명의 다른 선수들을 물리치고 우승했다.

*~을 누르고 우승하다: win a contest
☺over 다음에는 경쟁하는 사람들이 온다.

37. 그녀가 나를 좋아하는지 아닌지 모르겠다.

*~이든지 아니든지: Whether ~or not

38. 네가 믿든 안 믿든 간에, 그는 일등상을 탔다.

* 상 타다: win a prize

1. She buys a new book every week.

2. He made an excellent speech.

3. I sometimes play the guitar.

4. We play baseball every Sunday.

5. I watch television for about an hour after supper.

6. I resembled my mother.

7. He bowed his thanks.

8. I bought this shirt for 10,000won.

9. Shall I carry your suitcase?

10. Money cannot buy happiness.

11. Nothing can excuse the rudeness.

12. May I borrow your notebook?

13. Pass me the salt, please.

14. They usually eat rice in Asia

15. I have left my umbrella in the bus.

16. He lost all his savings.

17. Do you have openings?

18. It's important to be on time everyday.

19. I think I'll take a day off next week.

20. Will you transfer this call to Mr. Yun's office?

21. Can you put me through to the Sales Department?

22. May I ask who's calling?

23. I'd like to know my balance.

24. Can you keep an eye on my bag?

25. We have three holidays in a row.

26. Do you think he will leave for good?

27. Do you know a good place to shop in Seoul?

28. I want to change 1 million won into dollars.

29. Church members collected nickels and dimes for her.

30. What do you want to be when you grow up.

31. I want to be a zoologist.

32. I'd like to protect endangered animals.

33. You like science, don't you?
34. He was ashamed of his work.
35. He was ashamed that he did not help the child.
36. She won a contest over 100 other players.
37. I don't know whether she likes me or not.
38. Whether you believe it or not, he won the first prize.

[NOTE]

4. 악기를 '치다' '연주하다'에서 악기 이름 앞에는 the가 붙지만 구기(球技)운동 이름 앞에는 관사를 안 붙인다. 단, 'play a good [poor] game'은 '시합을 잘한다[시합이 서투르다]'로 된다.

5. television 앞에도 관사를 안 붙인다. 또한 supper는 가볍게 먹는 저녁 식사를 의미한다. dinner는 그날의 정찬을 의미하는 것으로 주로 저녁 식사에 사용되지만 항상 저녁 식사만을 의미하는 것이다.

29. nickels는 5센트짜리 동전이고 dime은 10센트짜리 동전이므로, 'nickels and dimes'는 '푼돈'의 의미이다.

32. endangered는 과거 분사형이므로 수동의 의미이다.

35. 'be[feel]ashamed of + 명사'는 '~을 부끄러워하다'라는 뜻이고 절이 나올 때는 of 대신에 접속사 that을 쓴다.

37. 'whether~or not'은 '~이든 아니든'이라는 뜻의 양보 부사절과 '~인지 아닌지'의 명사절을 이끈다.

예문(2) 목적어가 재귀대명사

1. 그는 자살했다.

*자살하다: kill oneself

2. 그녀는 방문을 걸어 잠그고 틀어박혀 있었다.

*가두어 넣다: lock

3. 우리는 파티에서 즐거웠다.

*즐겁다: enjoy oneself

4. 얌전하게 굴어라!

*예의 있게 행동하다: behave oneself

5. 그는 경찰서에 출두하였다.

*출두하다(모습을 드러내다): present oneself

6. 그녀는 어제 결석했다.

*결석하다: absent oneself from

[영작문]
1. He killed himself.
2. She locked herself in her room.
3. We enjoyed ourselves at the party.
4. Behave yourself!
5. He presented himself(was present) at the police station.
6. She absented herself(was absent) from school yesterday.

[NOTE]
'타동사＋self'는 자동사처럼 번역한다.

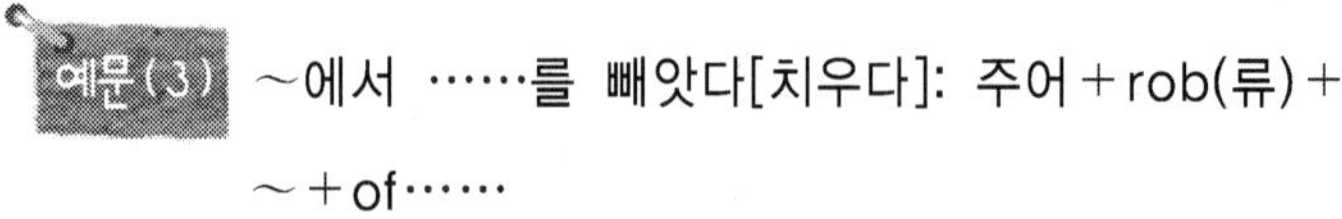

예문(3) ～에서 ……를 빼앗다[치우다]: 주어＋rob(류)＋

～＋of……

1. 그는 그녀로부터 그녀의 저금을 강탈해 갔다.

*강탈하다: rob   저금: savings

2. 놀라움이 그로부터 말할 힘을 빼앗아 갔다.

*놀라움: astonishment   빼앗다: deprive

3. 바람이 나무로부터 잎을 모두 제거해 버렸다.

*바람: wind   빼앗다: strip

4. 우리는 테이블에서 접시들을 깨끗이 치웠다.

*치우다: clear

5. 그들은 그의 나쁜 습관을 고쳤다.

*습관: habit   고치다: cure

6. 그는 나의 공포를 없애 주었다.

*없애다: rid   공포: fear

7. 그는 가방에서 내용물을 꺼내 비웠다.

*비우다: empty   내용물: contents

[영작문]

1. He robbed her of her savings.
2. Astonishment deprived him of his power of speech.
3. The wind stripped the trees of all its leaves.
4. We cleared the table of the dishes.
5. They cured him of his bad habits.
6. He ridded me of my fear.
7. He emptied the bag of contents.

[NOTE]

'주어＋완전타동사＋목적어＋of 명사'의 형태로 이루어진 3형식 문장이다. 이 문형에 속하는 동사는 박탈, 제거의 뜻을 가지고 있다. 이러한 동사는 목적어 다음에 'of'를 지배한다.

 ~를 ……하지 못하게 하다

1. 비 때문에 우리는 출발하지 못했다.

*막다: prevent

2. 아버지는 내가 거기 가는 것을 단념케 하셨다.

*단념하게 하다: dissuade

3. 너는 햇빛으로부터 피부를 보호해야 한다.

*보호하다: protect   햇빛: sunlight

4. 그는 내가 일하는 것을 방해했다.

*방해하다: hinder

5. 선약이 있어서 그 모임에 참석하지 못했다.

*선약: prior engagement   못 하게 하다: prohibit

6. 나의 아버지는 내가 그의 재산을 낭비하지 못하도록 제지하였다.

*제지하다: restrain   재산: property   낭비하다: waste

7. 그녀는 눈물을 억제할 수 없었다.

*못 하게 하다: keep

[영작문]

1. The rain prevented (kept) us from starting.
2. Father dissuaded (discouraged) me from going there.
3. You must protect your skin from the sunlight.
4. He hindered me from work.
5. A prior engagement prohibited me from going the meeting.
6. My father restrained me from wasting his property.
7. She could not keep the tears from her eyes.

예문(5) ～에게 ……를 공급하다

1. 자연은 우리 모두에게 양심이라고 하는 독특한 장치를 부여했다.

*부여하다: endow　　　　특이한 장치: peculiar system

　양심: conscience

2. 그녀는 그들에게 맥주와 포도주를 대접했다.

*대접하다: serve　　　　　　맥주: beer

3. 이 책은 당신들에게 필요한 정보를 제공해 줄 것이다.

*제공하다: provide　　　　정보: information

4. 그녀에게 당신의 타자기를 사용하지 못하게 하시오[맡기지 마세요].

*맡기다: trust

5. 소는 우리에게 우유를 준다.

*소: cows　　　　　　공급하다: supply

6. 그는 그녀에게 책을 증정했다.

*present

7. 그들은 집에 새 가구를 설치했다.

*비치(설치)하다: furnish　　　　　　가구: furniture

8. 나는 엄마가 설거지하는 것을 도와드렸다.

*설거지하다: wash the dishes

[영작문]

1. Nature has endowed us all with a peculiar system called conscience.
2. She served them with beer and wine.
3. This book will provide you with necessary information.
4. Don't trust her with your typewriter.
5. Cows supply us with milk.
6. He presented her with a book.
7. They furnished their house with new furniture.
8. I helped mother with washing the dishes.

[NOTE]

미국영어에서는 '공급하다'의 furnish, provide, supply는 전치사 with 없이 이중 목적어를 취하기도 한다. 이런 동사들은 주어가 무생물일 때 잘 쓰인다.

예문(6) ~에게 ……를 벌하다

1. 나는 네가 그렇게 했다고 해서 책망하지는 않겠다.

*책망하다: blame

2. 그들은 그녀의 죄에 대해 처벌을 내렸다.

*처벌하다: punish   죄: crime

3. 사장은 그 남자의 배은망덕을 책망했다.

*사장: boss   책망하다: reproach   배은망덕: ingratitude

4. 자업자득이다[뉘 탓할 것이 없다]

*사의를 표하다: thank

5. 너의 선물 고마워.

*선물: present,　　　……에 감사하다: thank

6. 선생님은 나의 기술을 칭찬하셨다.

*칭찬하다: praise　　　기술: skill

[영작문]

1. I don't blame you for doing that.
2. They punished her for her crime.
3. The boss reproached him for his ingratitude.
4. You may thank yourself for that.
5. Thank you for your present.
6. My teacher praised me for my skill.

[NOTE]

'주어＋타동사＋for＋명사'로 이루어진 3형식이다. 이때 타동사는 비난, 보상의 뜻을 나타내는 동사이다. 이러한 동사는 목적어 다음에 'for'가 온다.

04 제4문형: 주어＋술어동사＝간접목적어＋직접목적어(S＋V＋I.O＋D.O)

예문(1) ～에게 ……를 －하다

1. 아버지는 나에게 카메라를 사 주셨다.

*사다: buy－bought－bought

2. 나에게 그 책을 가져와라.

*가져오다: bring

3. 나는 그에게 질문을 했다.

*묻다: ask

4. 이 기계는 당신의 수고를 많이 덜어 줄 것이다.

*덜어 주다: save   수고: trouble

5. 하나님은 당신의 죄를 용서하실 것이다.

*용서하다: forgive

6. 그는 나의 세계일주 여행을 부러워했다.

*부러워하다: envy

7. 나의 사장님은 임금을 올려주지 않았어요.

*임금[가격]인상: raise

8. 내일 아침 6시에 웨이크 업 콜 좀 해 주시겠어요?

* 자는 사람을 깨우기 위한 전화: wake-up call

9. 학비 대출을 위한 신청서 좀 주세요.

*신청서: application form   융자: loan

10. 에이브러햄 링컨은 노예들에게 자유를 주었다.

*노예: slave   자유: freedom

[영작문]

1. My father bought me a camera.
2. Bring me the book.
3. I asked him a question.

4. This machine will save you a lot of trouble.

5. God will forgive you your sin.

6. He envied me my trip around the world

7. My boss didn't give me a raise.

8. Can you give me a wake up-call at six tomorrow morning?

9. Please give me an application form for a student loan.

10. Abraham Lincoln gave slaves freedom.

[NOTE]

직접목적어가 앞에 오면 간접 목적 앞에 전치사 to 혹은 for를 놓는다.
'방향'을 주로 나타낼 때는 to를, '~을 위하여'라는 것을 나타낼 때는 for
를 사용한다. 그러나 애매하기 때문에 암기할 수밖에 없다.

buy형 동사 + for	give형 동사 + to
call(불러주다), choose(골라주다)	give(주다), hand(건네주다)
cook(요리하다), find(찾아주다)	send(보내다), allow(할당하다)
leave(남겨주다, make(만들어주다)	write(쓰다), offer(제공하다)
order(주문하다) play(연주하다)	owe(빚지다), pay(지불하다)
reach(집어주다), buy(사주다)	lend(빌려주다), sell(팔다)
save(덜어주다), knit(떠주다)	teach(가르치다), bring(가져오다)
	read(읽어주다), promise(약속하다)

※bring, write, leave, play 등에는 to, for 두 전치사 모두 가능하다.

save, forgive, envy는 두 목적어를 모두 직접목적어로 보는 경향
이 있다.

Tips

회장: chairman	사장: president
부사장: vice president	이사: director
부장: manager	과장: section chief

예문(1) ～를 ……하게 하다, ～를 ……라고 부르다

1. 왕자는 그녀를 행복하게 해 주었다.

*왕자: prince

2. 소음은 우리를 초조하게 만든다.

*소음: noise   초조한: nervous

3. 그 부모는 아들을 잭이라고 이름 불렀다.

*부모님: parents

4. 그녀는 머리카락을 노랑으로 염색했다.

*염색하다: dye   머리카락: hair

5. 나는 창문을 열어놓았다.

*……인 채로 두다: leave   열려진: open

6. 그들은 김 씨를 시장으로 선출했다.

*선출하다: elect   시장: mayor

7. 나 좀 혼자 있게 해 줘.

*혼자: alone

8. 나는 좌석이 임자가 있는 것을 알았다.

*좌석: seat   잡다: take － took － taken

9. 더운 날씨가 우유를 시게 만들었다.

*……되다: turn   시큼한: sour

10. 그 집은 텅텅 비어 있었다.

*텅 빈: vacant

11. 너의 방을 항상 깨끗이 해 두어라.

*……인 채로 두다: keep   깨끗한: clean

12. 그는 문을 열어 놓았다.

*열려진: open

13. 컴퓨터를 켜 놓지 마라.

*(전기)켜져서: on

14. 그는 벽을 녹색으로 칠했다.

*칠하다: paint   벽: wall

15. 벼락이 그를 쳐서 죽였다.

*벼락(번개): lightning   치다: strike－struck－struck

16. 그는 편지(봉투)를 다 찢어 열었다.

*찢다: tear－tore－torn

17. 그들은 생선을 날로 먹는다.

*생선: fish   날것: raw

18. 나는 커피를 진하게 마신다.

*진한: strong

19. 나는 그것을 좋은 생각이라고 간주한다.

*좋은 생각: good idea

20. 나는 그가 정직하다고 믿는다.

*정직한: honest

21. 나는 그녀가 매력적이라고 생각했다.

*매력적인: charming

22. 오늘은 이만 끝냅시다.

*(오늘은)그만두다: call it a day.

[영작문]

1. The prince made her happy.
2. Noise makes us nervous.
3. The parents named their son Jack.
4. She dyed the hair yellow.
5. I left the window open.
6. They elected Mr. Kim mayor.
7. Leave me alone.
8. I found the seat taken.
9. Hot weather turned the milk sour.
10. They left the house vacant.
11. Keep your room clean.
12. He left the door open.
13. Don't leave the computer on.
14. He painted the wall green.
15. Lightning struck him dead.
16. He tore the letter open.
17. They eat fish raw.
18. I like my coffee strong.
19. I consider it a good idea.

20. I believe him (to be) honest.
21. I thought her (to be) charming.
22. Let's call it a day.

[NOTE]
타동사의 목적어와 목적보어의 관계는 주어와 술어의 관계이다.

예문(2) 지각동사＋목적어＋원형(현재, 과거)분사

1. 나는 그녀가 방에 들어가는 것을 보았다.

*보다: see　　　　방에 들어가다: enter the room

2. 그는 메리가 노래 부르는 것을 들었다.

*노래하다: sing

3. 우리 모두가 마루가 흔들리는 것을 느꼈다.

*마루: floor　　　　흔들리다: shake

4. 그가 들어오는 것을 아무도 몰랐다.

*알아차리다: notice　　　아무도 ……않다: nobody

5. 너는 너의 이름을 부르는 것을 못 들었니?

*부르다: call

6. 그는 그의 심장이 심하게 뛰는 것을 느꼈다.

*심장: heart　　　뛰다: beat　　　심하게: wildly

7. 나는 언니가 강을 따라 걷고 있는 것을 보았다.

*……을 따라 걷다: walk along

8. 나는 그가 방을 떠나는 것을 알아채지 못했다.

*눈치 채다[관찰하다]: observe

9. 너는 물고기가 수면 밖으로 떠오르는 것을 보게 될 것이다.

*인지하다(보다): perceive   떠오르다: rise

수면 밖으로: out of the water

10. 나는 해가 지는 것을 지켜보았다.

*지켜보다: watch   (해가)지다: set

[영작문]

1. I saw her enter the room.
2. He heard Mary sing a song.
3. We all felt the floor shake.
4. Nobody noticed the man enter.
5. Didn't you hear your name called?
6. He felt his heart beating wildly.
7. I saw my sister walking along the river.
8. I did not observe him leave the room.
9. You will perceive the fish rise out of the water.
10. I watched the sun setting.

[NOTE]

a) 지각동사: feel, hear, notice, observe, perceive, see, watch, listen to, look at
b) 지각동사와 사역동사의 보어는 to가 생략된 원형 부정사이다. 그러나 지각동사가 수동태가 되면 to가 다시 살아난다.
   I heard him mutter some words under his breath(나는 그가 작은 목소리로 몇 마디 중얼거리는 것을 들었다).
   →He was heard to mutter some words under his breath.
c) 지각동사는 완결된 동작을 나타낼 때에는 원형부정사를 쓰고 진행 중의 동작을 나타낼 때는 현재 분사를 보어로 취한다.

예문(3) 사역동사＋목적어＋원형동사

사역동사란 뒤에 오는 동사(원형 부정사)의 동작을 하도록
'……를 시킨다.' 는 의미이다. 사역동사: let, make, have, bid

1. 그는 탐이 그의 사전을 이용하지 못하게 했다.

*……하게 하다: let   사전: dictionary

2. 그의 말이 그녀를 불안을 느끼게 만들었다.

말: words   불안한: uneasy

3. 선생님이 나를 일어나라고 명령했다.

*명령하다: bid - bade - bidden

4. 메리에게 그 일을 하도록 시켜라.

*……하게 하다: have   하다: do

[영작문]

1. He did not let Tom use his dictionary.
  =He let Tom not use his dictionary.
2. His words made her feel uneasy.
3. The teacher bade me stand up.
4. Have Mary do the work.

a) have의 보어로 과거분사가 오면 have의 목적어가 동작을 받는 뜻이 된다.
I had my shoes mended[My shoes was mended](내 구두는 수선되었다).
I had him mend my shoes(나는 구두를 수선시켰다).

b) 사역동사의 구문이 수동태가 되면 지각동사의 경우와 마찬가지로 to를 붙여서 'to 부정사'가 된다. 다만 let와 have의 경우는 수동태로 할 수 없다(극소수의 예외는 있지만).
I'll have him do it at once
(나는 그에게 그것을 즉시 하도록 시켰다). (○)
→He will be had to do it at once by me. (×)
I let the boy come here at once(나는 그 소년에게 즉시 여기에 오도록 했다). (○)
→The boy was let to come. (×)
이런 경우 let 대신 allow동사를 써서 'be allowed[permitted]to 동사'로 한다.

c) get, cause는 사역의 의미가 있는 동사이나 보어에 반드시 to 부정사를 취한다.
We could not get her to accept the offer(우리는 그녀에게 그 제안을 받아들이도록 할 수가 없었다).
help 동사는 to를 넣어도, 안 넣어도 좋으나 미국 영어에서는 보통 생략한다.
I help my father [to]water our crops(나는 아버지가 농작물에 물을 주시는 것을 도왔다).

예문(4) Have[get]＋목적어(물건)＋과거분사

1. 나는 어제 머리를 깎았다.

*머리(카락): hair   자르다: cut

2. 나는 나의 차를 세차했다.

*씻다: wash

3. 어제 그녀는 급우들로부터 생일 축하를 받았다.

*축하하다: celebrate   급우: classmate

4. 나는 모자를 바람에 날렸다.

*바람이 불다: blow – blew – blown

5. 아버지는 버스에서 소매치기를 당했다.

*소매치기하다: pick pockets

6. 뒷머리와 옆머리를 짧게 자르고 싶어요.

*(머리의)측면: side

[영작문]

1. I had my hair cut yesterday.
2. I had my car washed.
3. She had her birthday celebrated by her classmates yesterday.
4. I had my hat blown off(by the wind)
5. Father had his pocket picked on a bus.
6. I'd like to have my hair cut short, on the back and sides.

[NOTE]

'have＋목적어(사람)＋원형'도 '당하다'의 뜻이 될 경우가 있다.
He had his wife die(그는 상처하였다).

Tips

bobbed hair(단발머리), kinky hair(흑인의 곱슬곱슬한 머리), swept back(올백의), pony－tail(뒤에서 묶어 아래로 드리운 머리), with braids(머리를 딴), with bangs(가지러한 앞머리)

동사에 관한 영작문

 기본시제 - 현재, 과거 미래의 시제

1. 그는 가끔 학교에 늦는다.

*……에 늦다: be late for

2. 수업이 끝난 후 나가자.

*끝나다: be over

3. 나는 2000년에 태어났다.

*태어나다: be born

4. 부탁 하나 들어주시겠어요?

*친절한 행위: favor

☺호의를 베풀다: do me a favor

5. 나는 언제나 학교 옆에 있는 가게에서 식료품들을 산다.

*식료품류: groceries

☺grocery가 '식료품'을 의미할 때는 반드시 복수형을 쓴다.

6. 당신은 어젯밤 파티에서 즐겁게 지내셨어요?

*즐겁게 지내다: have a good time   어젯밤: last night

7. 외출한 동안 내게 전화 온 것이 있었나요?

*……하는 동안: while   외출하다: be out

[영삭문]

1. He is often late for school.
2. Let's go out after school is over.
3. I was born in 2000.
4. Will you do me a favor?
5. I always buy my groceries at the store near the school.
6. Did you have a good time at the party last night?
7. Were there any telephone calls for me while I was out?

[NOTE]

'외출 중'이란 out 또는 away나 absent도 좋고 또는 while 이하를 during my absence로 써도 된다.

02 진행시제

1. 그 여자는 TV를 보고 있는 중이다.

*보다: watch

2. 내가 들어왔을 때 그녀는 방 청소를 하고 있었다.

*청소하다: clean

3. 개미들이 마루에서 빵을 먹고 있다.

*빵: bread   마루: floor

4. 나는 엄마를 기다리고 있는 중이야.

*기다리다: wait(for)

5. 비가 내리고 있어.

*비가 오다: rain

6. 우리 엄마가 이번 주에 집에 오실 거야.

*이번 주: this week

7. 그녀는 언제 돌아갈 거니?

*돌아가다: go back

8. 나는 그때 내 사촌을 만나고 있는 중이었어.

*사촌: cousin

[영작문]

1. She is watching TV.
2. She was cleaning the room when I came in.
3. Ants are eating bread on the floor.
4. I'm waiting for mommy.
5. It's raining.
6. My mommy is coming home this week.
7. When is she going back?
8. I was meeting my cousin then.

[NOTE]

a) 현재 진행형 형태: is(am, are)＋원형ing
　　ⓐ현재 진행 중인 동작이나 상태를 나타낸다.
　　ⓑ현재의 반복적 습관적 동작을 나타낸다.
　　ⓒ가까운 미래를 나타낸다(특히 왕래 발착동사: leave, arrive, come go).
b) 과거 진행형 형태: was(were)＋원형ing
　　ⓐ과거의 어떤 시점에서 진행 중인 동작이나 상태를 나타낸다.
　　ⓑ과거의 반복적 습관적 동작을 나타낸다.
c) 지각동사 see, hear, smell, feel, notice는 진행형을 쓰지 않는다. 그

러나 지각동사 중에서 주어의 의지가 들어 있는 listen to, look at, watch 등은 진행형이 가능하다.
d) 정서, 기호, 소유 등을 나타내는 동사(want, desire, refuse, wish, love, like, hate, know) 등은 진행형을 잘 쓰지 않는다.

(03) 완료시제

A. 현재완료(have + 과거분사)

현재완료 시제는 과거에 그 행위가 종료된 과거시제와는 달리 과거의 어떤 시점의 행위가 현재에까지 이어지는 시제이다. 현재완료 시제는 '경험', '완료', '결과', '계속' 등으로 나누어 생각해 볼 수 있다.

예문(1) '(방금, 이미) ……하였다'(완료): 보통 Just already, yet 등의 부사를 동반

1. 나는 편지를 방금 다 썼다.
*쓰다: write

2. 나는 이미 오늘 일을 끝마쳤다.
*끝내다: finish   오늘 일: today's work

3. 문손잡이가 부러져 나갔다.
*손잡이: handle   부러지다: break(off)

4. 그녀는 집에 방금 돌아왔다.
*돌아오다: come back

5. 나는 이달 수업료를 지불하였다.

*지불하다: pay(for)   수업료: tuition fee

6. 나는 물 한 컵을 마셨다.

*마시다: have

[영작문]

1. I have written a letter.
2. I have already finished today's work.
3. The door handle has broken off.
4. She has just come back.
5. I have paid for my tuition fee this month.
6. I've just had a glass of water.

[NOTE]

완료형은 과거시제를 나타내는 부사와는 함께 못 쓴다. just now는 과거 부사이다. 따라서 I have just now eaten lunch는 안 되고, I ate lunch just now로 해야 한다. 같은 이유로 yesterday, last year, last week, a few minutes ago(=just now), 의문 부사 when 등은 현재 완료에 못 쓴다.

예문(2) '(지금까지)……한 적이 있다'(경험): before, often, sometimes, once, ever, never 등의 부사가 자주 쓰인다.

1. 너는 케이크를 만들어 본적이 있니?

*만들다: make

2. 그 남자는 생선회를 먹어 본 적이 없다.

*생선회: raw fish

3. 일본에 가 본 적 있니?

*가 본 적 있다: have been to

4. 고래를 본 적이 있니?

*고래: dolphin

5. 최근에 재미있는 책을 읽은 적이 있니?

*최근에: lately

6. 나는 그런 것을 결코 들어 본 적이 없다.

*듣다: hear

[영작문]
1. Have you ever made a cake?
2. He **has never eaten** raw fish.
3. Have you been to Japan?
4. Have you ever seen a dolphin?
5. Have you read any interesting books lately?
6. I've never heard of such a thing.

[NOTE]
be 동사를 완료형으로 한 'have been to……'는 '가 본 적이 있다'는 '경험'과 '갔다 왔다'는 '완료'의 뜻으로 쓰인다.
I have been to Europe three times(나는 유럽에 세 번 간 적이 있다).
I have been to the airport to see him off(그를 전송하러 공항에 갔다 왔다).

예문(3) ～해 버렸다(그래서 지금 ……하다)(결과)

1. 그는 유럽에 가 버렸다.

*가다: go – went – gone

2. 봄이 왔다.

*오다: come – came – come

3. 새 서점이 쇼핑센터에 생겼다.

*열다: open   서점: book store

4. 그들은 호수가 내려다보이는 언덕 위에 집을 한 채 빌렸다.

*빌리다: rent   (높은 곳에서)내려다보다: overlook

5. 우리는 다음 주에 부산으로 여행을 가기로 결정했다.

*결정하다: decide   ……에 여행가다: make a trip to……

[영작문]

1. He has gone to Europe.
2. Spring has come.
3. A new book store has opened in the shopping center.
4. They have rented a house on the hill overlooking the lake.
5. We have decided to make a trip to Pusan next week.

[NOTE]

[You] have gone to Paris는 틀린다. '나'와 '너'가 '파리에 가 있는' 꼴이 되기 때문이다. '나'와 '너'는 '현재의 대화자들'인데 '파리에 가 버린 상태'여서는 안 된다.

예문(4) (······부터) 줄곧 ~하여 왔다(그래서 지금도 ~하고 있다)(계속)

1. 그녀는 월요일부터 앓아누워 있다.

*병든: ill   ······ 이후: since

2. 일주일 동안 내내 비가 내리고 있다.

*비가 오다: rain

3. 그가 영국에 간 지 5년이 지났다.

*지나다: pass

4. 나는 두 시간 동안 편지를 쓰고 있다.

*쓰다: write

5. 우리는 10년 동안 이웃에 살고 있다.

*이웃: neighborhood

6. 우리는 여러 해 동안 좋은 친구로 지내고 있다.

*좋은 친구: good friend

7. 그는 2년간 행방불명이다.

*행방불명의: missing

8. 그때 이후로 그의 소식을 듣지 못했다.

*······소식을 듣다: hear about ······

[영작문]

1. She has been ill in bed since Monday.
2. It has been raining for a week.

3. Five years have passed since he went to England.
  =It is five years since he went to England.
  =He has gone to England for five years.
4. I have been writing this letter for two hours.
5. We have lived in the neighborhood for ten years.
6. We have been very good friends for many years.
7. He has been missing for 2 years.
8. I've never heard about him since then.

[NOTE]
  a) 현재완료로 계속을 나타낼 때 그 동사를 진행형으로 할 수 있는 경우
     에는 [have been ~ing]로서 현재완료 진행형을 만든다.
  b) A year[A week]가 주어가 되면 have가 아니고 **has** passed이다.

B. 과거 완료: had+과거분사

예문(1) 과거 어느 때까지의 동작의 완료

1. 그때는 이미 수업이 시작되었다.

*시작하다: begin   그때는: at that time

2. 경찰이 왔을 때 도둑이 도망쳐 버렸다.

*도둑: thief   도망가다: run away

3. 내가 버스 정거장에 도착했을 때 버스는 벌써 떠나버렸다.

*도착하다: reach

4. 네가 왔을 때 나는 나의 아침 식사를 끝냈다.

*끝내다: finish

5. 우리가 극장에 도착했을 때 영화는 이미 시작되었다.

*도착하다: arrive   영화관: theatre

6. 우리가 식사를 했을 때 이미 음식이 식어 있었다.

*식사: meal   식은: cold

> **[영작문]**
> 1. School had already begun at that time.
> 2. The thief had already run away when the police came.
> 3. When I reached the bus stop, the bus had already started.
> 4. I had finished my breakfast when you came.
> 5. When we arrived at the theatre, the movie had already started.
> 6. The meal had already become cold when we ate it.

 **예문(2)** 과거 어느 시점 이전의 경험

1. 나는 당장 그를 알아봤다. 이유는 (전에) 몇 차례 그를 만난 적이 있었기 때문이다.

*알아보다: recognize   곧: at once
 여러 번: several times

2. 그때 이전에 나는 영국을 방문했었다.

*방문하다: visit   그때: then

3. 내가 그녀를 처음 만나기 전에 나는 종종 그녀에 대해서 들었었다.

*듣다: hear

4. 그녀가 지난주 동해로 여행을 가기 전에는 그녀는 바다를 본 적이 없었다.

*여행: trip   동해: East Sea

5. 내가 미국을 방문하기 전에는 영어를 공부하지 않았다.

*방문하다: visit

[영작문]

1. I recognized him at once, for I had seen him several times.
2. I had visited London before then.
3. I had often heard about her before I first met her.
4. Before her trip to East Sea last week, she had never seen the sea.
5. I had not studied English before I visited America.

예문(3) 과거 시점 이전부터 그때까지 계속되는 동작, 상태

1. 그녀는 병이 난 지 1개월이 지난 뒤에 병원에 보내졌다.

*병원에 보내다: send to the hospital

2. 그는 미국에 건너가기 전에 5년 동안 영어를 공부하고 있었다.

*……해오고 있었다: have been 동사ing

3. 전쟁이 일어나기 전에 나는 거기에 10년째 살고 있었다.

*(전쟁, 폭동, 혁명, 화재)발생하다: break out

4. 그녀는 첫 번째 연주회를 하기 전에 오랫동안 피아노 연주를 해 왔었다.

*연주회: recital

[영작문]

1. She had been ill in bed for a month when she was sent to the hospital.
2. He had been studying English for five years before he went

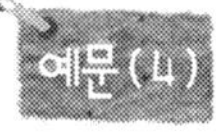 **예문(4)** 시제의 일치: 어떤 과거의 동작, 행위가 다른 과거의 동작, 행위보다 이전에 일어난 사실을 나타낼 때 과거 완료형을 쓴다.

1. 나는 형이 준 시계를 잃어버렸다.
*잃어버리다: lose

2. 그는 그 소녀를 전에 열차 안에서 만난 적이 있다고 말했다.
*전에: before

3. 내가 기차에서 내렸을 때 나는 모자를 잃어버렸다.
*기차에서 내리다: leave the train

4. 나는 한국을 여행하는 동안에 찍었던 사진들을 그에게 보내주었다.
*(사진을) 찍다: take (a picture)

5. 나는 어젯밤에 들었던 이야기를 친구에게 했다.
*듣다: hear

[영작문]
1. I lost the watch my brother had given me.
2. He said that he had met the girl in the train before.
3. I had lost my hat when I left the train.
4. I sent him some pictures I had taken while traveling in Korea.

5. I told my friend the story I had heard last night.

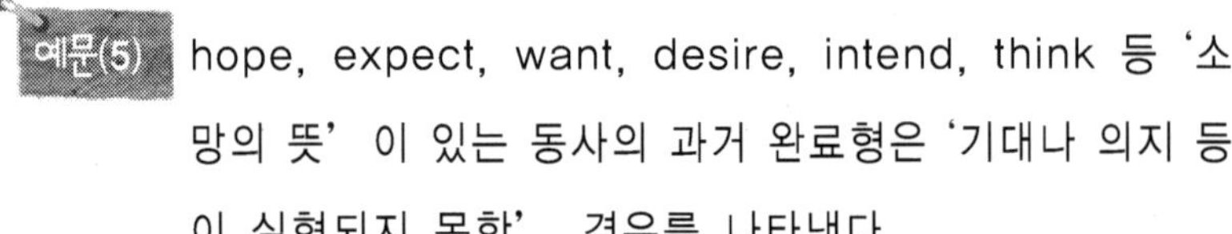 hope, expect, want, desire, intend, think 등 '소망의 뜻' 이 있는 동사의 과거 완료형은 '기대나 의지 등이 실현되지 못한' 경우를 나타낸다.

1. 나는 그들 사이에 화해를 붙이려고 했지만 소용이 없었다.

*의도하다: intend   화해하다: make peace

2. 우리는 당신을 방문하고 싶었지만 그러지 못했다.

*방문하다: call on＋사람

3. 나는 그 영화를 보기를 바랐는데.

* 영화보다: see the movie

4. 그는 그 일을 끝내기 원했는데.

*끝내다: finish

5. 그녀는 이곳에 오기를 원했는데.

*여기에 오다: come here

[영작문]

1. I had intended to make peace between them.
2. We had hoped to call on you.
3. I had hoped to see the movie.
4. He had wanted to finish the work.
5. She had wished to come here.

C. 미래 완료: will[shall]have＋과거분사

1. 내가 이 책을 한 번 더 읽으면 세 번 읽는 것이 된다.

*세 번 읽는 것이 될 것이다: shall have read three times

2. 그녀가 돌아올 즈음에는 그는 숙제를 전부 끝내게 될 것이다.

*……할 즈음에는: by the time

3. 7시쯤이면 식사를 끝냈을 것이다.

*……까지: by

4. 우리가 그곳에 도착할 즈음에는 해가 질 것이다.

*해가 지다: set

[영작문]

1. I shall have read this book three times if I read it once again.
2. By the time she comes back, he will have finished all the homework.
3. I will have finished dinner by 7.
4. By the time we get there the sun will have set.

[NOTE]

a) 미래 완료는 미래의 어느 때를 기준으로 하여 그때까지의 동작, 상태의 완료, 결과 경험, 계속 등을 나타낸다.
b) 1번에서 if 절은 '한 번 더 읽게 되면'의 뜻으로 미래시제인데, if I read 로 현재 시제로 나타낸 것은 조건을 나타내는 부사절에는 현재형을 쓰기 때문이다.
c) by는 동작, 상태가 끝나는 시간을 나타내고 till은 어느 때까지의 '계속'을 나타낸다.

부정사에 관한 영작문

01 부정사의 명사 용법

예문(1) 문장의 주어로서

1. 자신을 아는 것은 어렵다.

*자신을 알다: know oneself

2. 오래 사는 것은 모든 사람의 소망이다.

*오래 살다: live long

3. 실수는 사람의 일이요, 용서는 신의 일이다.

*잘못을 저지르다: err   용서하다: forgive   신에 관한: divine

4. 외국어를 배우는 것은 유익하다.

*유익한: useful

5. 거짓말하는 것은 나쁘다.

*거짓말하다: tell a lie   나쁜: wrong

6. 뉴욕을 방문하는 것이 그의 꿈이다.

*방문하다: visit   꿈: dream

7. 금연하는 것은 어렵다.

*금연하다: stop smoking

8. 영어를 배우는 것은 쉽지 않다.

*배우다: learn

[영작문]
1. To know oneself is difficult.
2. To live long is the desire of all men.
3. To err is human; to forgive is divine.
4. To learn a foreign language is useful.
5. To tell a lie is wrong.
6. To visit New York is his dream.
7. To stop smoking is difficult.
8. To learn English is not easy.

예문(2) 형식주어로서: It is -for ~to……

1. 내가 그 돌을 들어 올리는 것은 불가능하다.

*들다: lift

2. 부모가 자기 자녀를 사랑하는 것은 당연하다.

*당연한: natural

3. 그가 일주일 안에 그 일을 끝마치기는 어렵다.

*어려운: difficult

4. 내가 그 차를 사는 것은 가능하다.

*가능한: possible

5. 젊은 사람들이 노인을 공경하는 것은 당연하다.

*존경하다: respect

[영작문]

1. It is impossible for me to lift the stone.
2. It is natural for parents to love their own children.
3. It is difficult for him to finish the work in a week.
4. It is possible for me to buy the car.
5. It is natural for the young to respect the old.

[NOTE]

the＋형용사: ……사람들 따라서 'the young'은 young people이고
'the old'는 old people의 뜻이다.

 It is －of ～to……

1. 백화점 가는 길을 가르쳐 주시다니 친절하시군요.

*……로의 길을 말해 주다: tell me the way to

2. 네가 그런 실수를 저지르다니 부주의하구나.

*부주의한: careless

3. 네가 그의 제안을 거절한 것은 현명했다.

*거절하다: refuse   제안: offer

4. 네가 도둑을 잡다니 용감하구나.

*용감한: brave   잡다: catch   도둑: thief

예문(4) 타동사의 목적어로서

1. 그는 나를 못 본 척했다.

*……인 체하다: pretend

2. 그는 그럭저럭 시간에 맞췄다.

*그럭저럭 ……하다: manage to

3. 나는 친구에게 메일 보내는 것을 잊어버렸다.

*잊다: forget

4. 나는 내년에 미국에 가기를 희망한다.

*희망하다: hope

5. 나는 영문법을 숙달하기를 원한다.

*숙달하다: master

6. 그는 피아노 연주하기를 좋아한다.

*연주하다: play

7. 나는 그렇게 생각하기 시작했다.

*시작하다: begin

[영작문]

1. He pretended not to see me.
2. He managed to be in time.
3. I forgot to send an e-mail to my friend.
4. I hope to go to America next year.
5. I want to master English grammar.
6. He likes to play the piano.
7. I began to think so.

[NOTE]

부정사를 목적어로 취하는 타동사는 decide to, refuse to, intend to……
하고 입에 올려 암기해 둘 필요가 있다.
부정사 목적어를 취하는 동사들: attempt, begin, cease, continue,
contrive, choose, consent, decide, determine, dislike, endeavor,
expect, fail, forget, hasten, hate, hope, intend, learn, like, love,
manage, mean, need, neglect offer, prefer, prepare, pretend,
promise, propose, refuse, regret, remember, resolve, swear, try,
undertake, want, wish seek, desire.

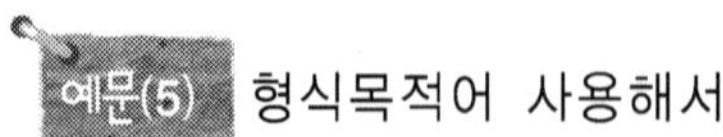

예문(5) 형식목적어 사용해서

make, find, think 동사가 보어를 수반할 때 가목적어 it을 앞
세운 '주＋동＋it＋보＋to……'의 문형

1. 나는 아침 6시에 일어나는 것을 규칙으로 삼고 있다.

*규칙: rule

2. 나는 그 강을 건너는 것이 불가능하다는 것을 알았다.

*불가능한: impossible   건너다: cross

3. 나는 오토바이를 사는 것이 불가능하다는 것을 알았다.

*알아내다: find

4. 나는 중국어를 배우는 것이 어렵다는 것을 알았다.

*어려운: difficult

5. 나는 매일 아침마다 아침 식사를 하는 것이 중요하다고 생각한다.

*아침을 먹다: have breakfast

[영작문]
1. I make it a rule to get up at six in the morning.
2. I found it impossible to cross the river.
3. I found it impossible to buy the motorcycle.
4. I found it difficult to learn Chinese.
5. I think it important to have breakfast every morning.

예문(6) 의문사 + 부정사형

know, learn, explain discover, find out, understand, wonder의 목적어가 될 부정사 앞에 의문사 how, when, what, where, whom, whether ~or not이 붙어 명사구가 된다.

1. 헤엄치는 법을 알고 있는가?

*수영하는 법: how to swim

2. 무엇을 해야 할지 나에게 말해 줘.

*무엇을 할지: what to do

3. 그 제의를 받아들이는 것이 좋은지 받아들이지 않는 것이 좋은지
   의견을 말해 줄래요?

*A인지 그렇지 않은지: whether A or not

4. 어떻게 하느냐가 무엇을 하느냐보다 중요하다.

*중요한: important

5. 나는 된장국 끓이는 방법을 잘 알고 있다.

*된장국: bean‑paste soup

[영작문]
1. Do you know how to swim?
2. Tell me what to do.
3. Will you advise me whether to accept the offer or not?
4. How to do is more important than what to do.
5. I know how to make bean‑paste soup well.

예문(7) 직접 목적어가 된 부정사(구)

직접목적어로 부정사를 동반하는 동사

─ show tell, teach, advice, ask

1. 그녀는 나에게 문제 푸는 방법을 가르쳐 주었다.

*풀다: solve

2. 그는 나에게 6시에 오겠다고 약속했다.

*약속하다: promise

3. 그녀는 선물을 준다고 나에게 말했다.

*선물을 주다: give a present

4. 그녀는 내게 무엇을 입어야 하는지 말해 주었다.

*입다: wear

[영작문]

1. He showed me how to solve the problem.
2. He promised me to come at six.
3. She told me to give a present.
4. She told me what to wear.

예문(8) 주격보어로서

1. 보는 것이 믿는 것이다.

*믿다: believe

2. 그 뉴스는 오보임이 밝혀졌다.

*밝혀지다: prove   거짓의: false

3. 사랑하는 것은 나누는 것이다.

*나누다: share

4. 나의 기쁨은 음식을 먹는 것이다.

*기쁨: delight

5. 그 추문은 사실로 드러났다.

추문: scandal   드러나다: turn out

6. 사는 것은 고생하는 것이다.

*고생하다: suffer

7. 나의 취미는 음악을 듣는 것이다.

*듣다: listen to

8. 그는 아픈 것 같다.

*……인 듯하다: seem

[영작문]

1. To see is to believe.
2. The news proved to be false.
3. To love is to share.
4. My delight is to eat food.
5. The scandal turned out to be true.
6. To live is to suffer.
7. My hobby is to listen to music.
8. He seems to be ill.

예문(9) 목적격 보어로서

1. 모든 이웃들은 그녀가 미망인이라고 추정했다.

*추정하다: suppose   미망인: widow

2. 그가 여기에 당장 왔으면 좋겠다.

*즉시: at once

3. 나는 그가 정직하다고 믿었다.

*믿다: believe

4. 나는 그에게 나를 도와달라고 부탁했다.

*부탁하다: ask

5. 나는 네가 그런 행동을 하는 것을 묵인할 수 없다.

* 묵인하다[허락하다]: allow   행동하다: behave

[영작문]

1. All the neighbors supposed her to be a widow.
2. I want him to come here at once.
3. I believe him to be honest.
4. I asked him to help me.
5. I can't allow you to behave like that.

02 부정사의 형용사 용법

예문(1) 한정 용법: 부정사가 바로 앞의 명사, 대명사를 수식한다.

1. 한시도 지체할 수 없다.

*낭비하다: lose

2. 그는 약속을 어길 사람이 아니다.

*약속을 어기다: break one's promise

3. 나에게는 충고해 줄 친구가 하나도 없다.

*충고하다: advise

4. 그는 결코 너를 배신할 사람이 아니다.

*절대 ……할 것 같지 않은: last   배신하다: betray

5. 그에게 앉을 의자를 드려라.

*앉다: sit

6. 그에게는 이야기할 상대가 아무도 없었다.

*……에게 말을 걸다: talk to

7. 나에게는 표를 살 돈이 없었다.

*사다: buy

8. 그녀는 한국에서 조종사가 된 최초의 사람이었다.

*조종사: pilot

9. 나는 거처할 집이 필요하다.

*살다: live

10. 그는 나를 버릴 사람이 아니다.

*버리다: desert

[영작문]
1. There is no time to be lost.
2. He is not a person to break his promise.
3. I have no friend to advise me.
4. He is the last man to betray you.
5. Give him a chair to sit on.
6. He had no one to talk to.
7. I had no money to buy the ticket with.

8. She was the first person to be a pilot in Korea.
9. I need a house to live in.
10. He isn't the man to desert me.

 **예문(2)** 서술 용법: 'be + to 부정사' 형의 구문은 예정, 미래 (will, intend to), 의무, 당연(must, should), 가능 (can), 운명(과거형) 등을 나타내는 일종의 조동사적 역할을 한다.

1. 그녀는 월요일에 올 예정이다.

*오다: come

2. 나는 6시에 그를 만나야 한다.

*만나다: meet

3. 아무것도 볼 수 없었다.

*아무것도 ……없다[않다]: nothing

4. 우리가 친구로 남으려거든, 너는 털어놓고 이야기해야 한다.

*남다: remain   털어놓다: speak out

5. 네가 성공하고자 한다면, 공부를 열심히 해야 한다.

*성공하다: succeed

6. 그는 오늘 저녁에 여기에 도착할 것이다.

*도착하다: arrive

(03) 부정사의 부사 용법

예문(1) 목적을 나타낸다: '……하기 위해(서는)'

1. 그는 버스를 타려고 서둘렀다.

*서두르다: hurry

2. 그는 인생에서 성공하기 위하여 열심히 일했다.

*열심히 일하다: work hard

3. 우리는 살기 위해서 먹지 먹기 위해서 살지 않는다.

*살다: live

4. 나는 그를 배웅하기 위해 정거장에 갔다.

*배웅하다: see off

5. 나는 뮤지컬을 보기 위해 극장에 갔다.

*보다: watch   극장: theatre

 **예문(2)** (감정의) 원인을 나타낸다: '……하니까 ～하다'

1. 당신을 뵙게 되어 기쁘다.

*기쁜: glad

2. 그가 실패했다는 이야기를 들으니 유감이다.

*유감이다: regret

3. 나는 네가 돈을 낭비하는 것을 보고 화가 났다.

*낭비하다: waste

4. 나는 그 소식을 들어서 기쁘다.

*기쁜: pleased

5. 나는 끔찍한 사고를 보고 놀랐다.

*놀란: surprised, 끔찍한: horrible

6. 폐를 끼쳐서 죄송합니다.

*폐를 끼치다: trouble

2. I regret to hear of his failure.
3. I was angry to see you waste money.
4. I'm pleased to hear the news.
5. I was surprised to see a horrible accident.
6. I'm sorry to trouble you.

예문(3) 동작의 결과를 나타낸다: '～했지만 ……할 뿐', '～했
더니 ……였다'

1. 그는 열심히 공부했으나 결국 실패했다.

*실패하다: fail

2. 그는 85세가 되도록 살았다.

*살다: live

3. 그는 열심히 기도했으나 결국 죽었다.

*기도하다: pray

4. 잠에서 깨어보니 그는 유명해져 있었다.

*눈을 뜨다: awake – awoke – awoken

5. 그는 고향을 떠나 다시는 돌아오지 않았다.

*떠나다: leave – left – left   돌아오다: return

6. 그들이 깨어나 보니 집에 불이 나 있었다.

*잠이 깨다: wake up

예문(ㄴ) 조건: '만일 ∼라면', '∼할지라도'

1. 내가 너와 여행갈 수 있다면 기쁘겠다.

*여행하다: travel

2. 그가 영어로 말하는 것을 들으면 사람들은 그를 미국인으로 여길 것이다.

*……를 ∼로 여기다: take ……for∼

3. 비록 당신이 그것을 본다 하더라도, 그것을 믿지 않을 것이다.

*믿다: believe

4. 목숨을 아낀다면 그런 일을 할 수 없었을 것이다.

*아끼다: save

5. 그것을 받아들인다면 당신은 실수하는 것이다.

*받아들이다: accept   실수하다: make a mistake

        American.
     3. To see it, you would not believe it.
     4. You could not do that to save your life.
     5. You would make a mistake to accept it.

예문(5) 형용사 수식

1. 이 강에서 수영하는 것은 위험하다.

*위험한: dangerous

2. 불어는 배우기가 어렵다.

*불어: French   어려운: difficult

3. 이 책은 읽기 쉽다.

*쉬운: easy

[영작문]

1. This river is dangerous to swim in.
2. French is hard to learn.
3. This book is easy to read.

예문(6) 부사를 수식

1. 그는 너무 정직해서 거짓말을 할 수 없다.

*너무 ……해서 ~할 수 없다: too…… to~

2. 이 상자는 너무 무거워서 네가 상자를 들 수 없다.

*무거운: heavy   들다: lift

3. 그녀는 친절하게도 나를 도와주었다[나를 도와줄 만큼 친절했다].

*……할 만큼 친절한: kind enough to……

4. 너는 아직 술을 마실 나이가 안 되었다.

*……할 만큼 나이가 든: old enough to……

[영작문]

1. He is too honest to tell a lie.
2. This box is too heavy for you to lift.
3. She was kind enough to help me＝She was so kind as to help me.
4. You are not old enough to drink＝you are too young to drink.

예문(7) 독립부정사구

1. 설상가상으로, 비가 내리기 시작했다.

*설상가상으로: to make matters worse

2. 우선 그는 매우 부자다.

*우선: to begin with

[영작문]

1. To make matters worse, it began to rain.
2. To begin with, he is very rich.

[NOTE]
독립 부정사 구는 문장 전체를 수식하는 관용구이며, 부정사의 의미상의
주어와 문장의 주어가 다른 경우가 많다.
a) to make [cut]a long story short(한마디로 말하자면, 요약해 말하자면)
b) in brief, in short(간단히 말하면, 요컨대)

c) to tell (you) the truth(실은, 사실대로 말하자면)
d) to be frank with you(솔직히 말하자면, 실은)
e) to do one justice(~를 정당하게 다루다)
f) to change the subject(화제를 바꾸면)
g) to come back to what we were saying(본론으로 돌아가면)
h) (Now) to conclude(결론으로 말씀드리자면)
i) to speak strictly＝strictly speaking－speaking strictly(엄밀히 말하자면)
j) to be sure＝surely(과연, 사실)
k) strange to say＝strangely enough(이상하게도, 묘하게도)
l) to say nothing of＝not to speak of＝not to mention(~은 말할 것도 없고)
m) to say the least (of it)(아주 줄잡아 말하더라도, 적어도, 관대하게 봐도)
n) so to speak[say]＝as one might say, as it were(말하자면, 마치, 결국)
o) that is to say＝that is, namely, in other words(즉 다시 말하면, 실은, 결국)
p) to be precise[exact](정확히 말하면)

(04) 원형부정사의 용법

예문(1) 관용구 다음에 올 경우

1. 너는 당장 떠나는 것이 낫다.

*……하는 편이 낫다: had better

2. 나는 오늘 외출하기보다는 집에 있고 싶다.

*~하기보다는 차라리 ……하겠다: would rather ……than~

3. 나는 그를 존경하지 않을 수 없다.

*……하지 않을 수 없다: cannot but＋동사원형   존경하다: admire

4. 그 사람이 그 결과에 실망하는 것은 당연하다.

*······하는 것이 당연하다: may well······

5. 너는 좀 쉬는 게 낫겠다.

*쉬다: take a rest

  [영작문]
  1. You had better start at once.
  2. I would rather stay at home than go out today.
  3. I cannot but admire him.
  4. He may well be disappointed at the result.
  5. You had better take some rest.

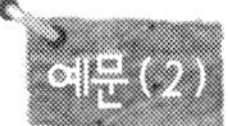 사역 동사 make, have, let, bid의 목적 보어가 될 때

1. 아버지는 나에게 텔레비전을 켜도록 시켰다.

*켜다: turn on

2. 그는 그녀에게 담배를 피우도록 했다.

*담배 피우다: smoke

3. 나는 아이들을 웃겼다.

*웃다: laugh

4. 그는 내가 그것을 하도록 했다.

*하다: do

5. 그녀는 메리에게 접시를 닦으라고 시켰다.

*설거지하다: wash the dishes

 지각동사(see, hear, listen to, feel, look at, watch, perceive, notice, observe 등)의 목적보어가 될 때

1. 나는 그가 집에 들어가는 것을 보았다.

*들어가다: enter

2. 나는 추위로 몸이 떨리는 것을 느꼈다.

*느끼다: feel　　　　　떨다: tremble

3. 나는 그녀가 이 강에서 수영하는 것을 보았다.

*보다: see　　　　　수영하다: swim

4. 그들은 내가 말하는 것을 들었다.

*듣다[경청하다]: listen(to)

5. 나는 누군가가 내 이름을 부르는 것을 들었다.

*듣다: hear　　　　　누군가: someone

6. 나는 도둑이 그의 집에 침입하는 것을 보았다.

*도둑: thief   침입하다: break into

7. 나는 아기가 한밤중에 우는 것을 들었다.

* ～한가운데: in the middle of～

8. 나는 그녀가 자고 있는 것을 보았다.

*자다: sleep

[영작문]

1. I saw him enter the house.
2. I felt myself tremble with the cold.
3. I saw her swim in this river.
4. They listened to me speak.
5. I heard someone call my name.
6. I saw a thief break into his house.
7. I heard a baby crying in the middle of the night.
8. I saw her sleeping.

[NOTE]

지각동사들은 목적격 보어로 동사가 쓰일 때 원형부정사나 현재분사를 취한다. 이때 현재 분사형이 쓰이면 진행 중인 동작을 강조하게 된다.

05 부정사의 시제—단순형과 완료형

예문(1) 단순 부정사: to＋부정사 - 본동사의 시제와 일치한다.

1. 그는 부자인 것 같다.

*……인 듯하다: seem

2. 그는 열심히 일하는 것 같다.

*열심히: hard

3. 그는 아픈 듯하다.

*아픈: ill

4. 그는 나에게 화가 난 것 같다.

*화난: angry

[영작문]

1. He seems to be rich(=it seems that he is rich).
2. He seems to work hard(=It seems that he works hard).
3. He sees to be ill(=It seems that he is ill).
4. He seems to be angry with me(=It seems that he is angry with me).

예문(2) 완료 부정사: to have+과거분사 - 본동사의 시제보다 하나 앞선다.

1. 그는 부자였던 것 같다.

*부유한: rich

2. 그는 열심히 일했던 것 같다.

*열심히 일하다: work hard

3. 그는 아팠던 것 같다.

*아픈: ill

예문(3) 주문의 동사가 hope, expect, intend, mean, want, be sure, be likely 등과 같이 미래와 관계된 일들을 서술하는 동사일 때는 'to+원형'만으로도 부정사는 미래 시제를 나타낸다. 이들 동사에 to have+p.p.를 붙이면 미래 완료형에 상당하는 어구가 된다.

1. 그는 자기가 성공하리라고 생각한다.

*기대하다: expect   성공하다: succeed

2. 나는 의사가 되기를 원하다.

*원하다: want

3. 나는 내일 저녁때까지는 이 일을 끝낼 것으로 기대한다.

*까지: by

 술부동사가 hoped, expected, intended, meant, wanted와 같이 의향, 기대 예정을 나타내는 동사의 과거형 뒤에 'to+have +p.p.'가 오면 실제로 이루어지지 않은 비현실의 일을 나타낸다. 이 경우 'had hoped +to부정사'와 같은 의미이다.

1. 나는 먹을 것을 좀 찾기를 바랐지만 찾아내지 못했다.
*바라다: hope   먹을 것: something to eat

2. 나는 어젯밤 그에게 전화를 할 작정이었으나 그만 걸지 못했다.
*……할 작정이다: intend   전화하다: ring up

3. 나는 지난주에 그녀를 만날 작정이었으나 만나지 못했다.
*만나다: meet

4. 나는 그를 만나고 싶었으나 못 만났다.
*만나다: see

[영작문]

1. I hoped to have found something to eat(=I hoped to find something to eat, but I couldn't=I had hoped to find something to eat).
2. I intended to have rung him up last night(=I intended to ring him up last night, but I couldn't).
3. I intended to have met her last week.

4. I wanted to have seen him.

06 부정사를 수식하는 부사의 위치

예문(1) 부정사를 부정하는 not, never는 반드시 부정사의 앞에
놓는다.

1. 너는 담배를 피우지 않는 편이 좋다.

*……하는 편이 낫다: had better

2. 그는 그녀를 못 본 척하였다.

*……인 체하다: pretend

3. 그녀는 절대로 거짓말을 하지 않기로 결심했다.

*결심하다: decide   거짓말하다: tell a lie

[영작문]

1. You had better not smoke.
2. He pretended not to see her.
3. She decided never to tell a lie.

동명사에 관한 영작문

동사의 원형에 ~ing를 붙여서 동사를 명사처럼 사용하는 것을 동명사라고 하며, '~하기, ~하는 것'의 뜻이다. 동명사는 문장의 주어, 목적어, 보어가 된다.

예문(1) 주어로서

1. 자동차로 여행하는 것은 매우 재미있다.

*여행하다: travel   자동차로: by car

2. 대가족을 부양하는 것은 쉬운 일이 아니다.

*부양하다: support   대가족: large family   일: task

3. 수영은 좋은 운동이다.

*운동: sport

4. 영어로 말하는 것은 그리 어렵지 않다.

* 말하다: speak   영어로: in English

5. 사진을 찍는 것은 많이 재미있다.

*사진 찍다: take pictures   많이: much

예문(2) 보어로서

1. 나의 취미는 외국 우표를 수집하는 것이다.

*취미: hobby   수집하다: collect

2. 보는 것이 믿는 것이다.

*보다: see   믿다: believe

3. 가르치는 것이 배우는 것이다.

*가르치다: teach   배우다: learn

4. 그의 계획은 이번 방학에 영국에 가는 것이다.

*계획: plan   방학: vacation

5. 내 꿈은 세계를 여행하는 것이다.

*세계를 여행하다: travel around the world

6. 내가 가장 좋아하는 것은 음악을 듣는 것이다.

*내가 좋아하는 것: what I like   가장: best

[영작문]

1. My hobby is collecting foreign stamps.

예문(3) 동사의 목적어로서

1. 어떤 사람들은 일찍 일어나는 것을 좋아하지 않는다.

*일찍 일어나다: get up early

2. 그는 언제나 명확한 답을 하기를 피한다.

*피하다: avoid   대답하다: give an answer   명확한: definite

3. 그녀는 쇼핑을 좋아한다.

*쇼핑: shopping

4. 우리 엄마는 꽃을 재배하기 시작했다.

*시작하다: start   키우다: grow

5. 나는 아직 그 잡지 읽는 것을 끝내지 않았다.

*끝내다: finish   잡지: magazine

6. 어떤 학생들은 고등학교에서 일본어 배우기를 시작한다.

*배우다: learn   일본어: Japanese

7. 나는 정말로 컴퓨터 게임을 즐긴다.

*즐기다: enjoy   컴퓨터 게임을 하다: play the computer games

8. 그녀는 자연 사진을 찍는 것을 즐긴다.

*사진을 찍다: take pictures of

1. Some people don't like getting up early.
2. He always avoids giving a definite answer.
3. She likes shopping.
4. My mother started growing flowers.
5. I have not finished reading the magazine yet.
6. Some students start learning Japanese in high school.
7. I really enjoy playing the computer games.
8. She enjoys taking pictures of nature.

[NOTE]

동명사만을 목적어로 취하는 동사:

admit: 인정하다	enjoy: 즐기다	forbid: 금하다	risk: 감행하다
advise: 충고하다	excuse: 변명하다	mind: 꺼리다	stop: 그치다
avoid: 피하다	fancy: 상상하다	miss: 놓치다	understand: 이해하다
consider: 고려하다	escape: 모면하다	practise: 연습하다	(can't)stand: 견디다
defend: 방어하다	finish: 끝내다	resist: 저항하다	go on: 계속하다
give up: 포기하다	(can't)help: 피하다	leave off: 그만두다	put off: 연기하다

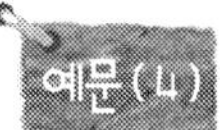 부정사, 동명사 둘 다 목적어로 취할 수 있는 동사

1. 그는 울기 시작했다.

*울다: cry

2. 나는 하루 종일 집에서 계속 독서를 하고 있었다.

*계속하다: continue   하루 종일: all day

3. 물이 끓기 시작했다.

*끓다: boil

1. He began to cry[or crying].
2. I continued to read [or reading]at home all day.
3. The water started boiling.

예문(5) 목적어로서 동명사를 쓰는 경우와 부정사를 쓸 때, 서로 뜻이 달라지는 경우

1. 나는 편지 부칠 것을 잊어버렸다.

*잊다: forget   부치다: post

2. 나는 편지 부쳤던 일을 잊어버렸다.

3. 나는 담배를 피우려고 멈췄다.

*멈추다: stop 담배를 피우다: smoke

4. 나는 담배를 끊었다.

5. 나는 그를 만났던 것을 기억한다.

*만나다: meet   기억하다: remember

6. 나는 그를 만나기로 했던 것을 기억한다.

[영작문]

1. I forgot to post the letter.

 need, want는 목적어를 동명사로 쓰면 수동의 의미가 된다.

1. 나의 정원은 풀을 뽑아 주어야 한다.

*풀을 뽑다: weed

2. 이 천은 세탁할 필요가 있다.

*천:cloth 세탁하다: wash

3. 내 사진기는 수리되어야 한다.

*카메라: camera 수선하다: repair

4. 그 집은 페인트칠을 해야 한다.

*페인트칠하다: paint

[영작문]
1. My garden needs weeding[to be weeded].
2. This cloth wants washing[to be washed].
3. My camera needs repairing[to be repaired].
4. The house wants painting.

 전치사의 목적어는 'about'와 'but'만을 제외하고는 모두 동명사를 사용한다.

1. 그는 그녀와 결혼하겠다고 주장한다.

*주장하다: insist   결혼하다: marry

2. 그는 술과 도박에 빠졌다.

*빠지다: take to   도박하다: gamble

3. 나는 너를 만나기를 기대하고 있다.

*학수고대하다: look forward to

4. 그녀는 혼자 가는 것이 무섭지 않다.

*무서워하다: be afraid of   혼자: by oneself

5. 나는 일자리를 구하는 데 질렸다.

*지치다: be tired of   일자리: job

[영작문]

1. He insists on marrying her = He insists that he should marry her.
2. He took to drinking and gambling.
3. I am looking forward to seeing you.
4. She is not afraid of going by herself.
5. I was tired of looking for a job.

[NOTE]

'look forward to', 'be used to, take to'(술 등에 빠지기 시작하다) 등의 뒤에 부정사가 오지 않는 것은 to가 전치사이기 때문. 부정사의 to와 전치사 to를 구별하는 방법은 그 뒤에 명사나 대명사가 오면 전치사이다. 이들 동사구는 암기해야 한다.

 **예문(8)** 동명사의 의미사의 주어가 일반 특정인이거나 문장의 주어와 동일인일 때는 ……ing 그대로 좋지만 의미상 주어를 나타낼 필요가 있을 때는 소유격이나 목적격을 앞에 놓는다.

1. 네가 여기에 있는 것이 우리에게 큰 도움이 안 될 것이다.

*여기에: here

2. 나는 내 아들이 거기에 가야 한다고 주장한다.

*주장하다: insist

3. 나는 네가 와인을 마시면서 이야기하던 일을 기억하고 있다.

*이야기하다: talk

4. 늦게 온 것을 사과드립니다.

*사과하다: excuse   늦게: late

5. 나는 회의에서 그녀가 발표를 하기를 제안했다.

*제안하다: suggest   발표하다: give a presentation

[영작문]

1. Your being here won't help us much.
2. I insist on my son('s)going there.
3. I remember your talking over a glass of wine.
4. Please excuse my coming late.
5. I suggest her giving a presentation at the meeting.

 동명사의 관용적 용법

1. 엎질러진 우유를 슬퍼해도 소용없다.

*~해도 소용없다: it is no use ~ing   엎지르다: spill – spilt – spilt

2. 미래에 무슨 일이 일어나는지 아는 것은 불가능하다.

*~은 불가능하다: there is no ~ing

3. 사람이 죽는다는 것은 말할 필요도 없다.

*~은 말할 필요도 없다: it goes without saying that~

죽을 운명의: mortal

4. 나는 그를 어리석다고 생각하지 않을 수 없다.

*~하지 않을 수 없다: cannot help~ing, 어리석은: foolish

5. 집에 돌아오자마자 그는 소파에 몸을 내던졌다.

*~하자마자: on~ing 던지다: throw – threw – thrown

6. 나는 이 책을 만드는 데 2년이 걸렸다.

*~하는 데 시간이 걸리다: spend 시간~ing

7. 이 나무들은 우리가 직접 심을 것들이다.

*직접 ~한: of one's own~ing   심다: plant

8. 나는 어디론가 여행을 하고 싶은 기분이다.

*~하고 싶다: feel like ~ing   여행하다: make a trip

9. 그는 오늘밤 공부하기에 바쁘다.

*~하느라 바쁘다: be busy ~ing

10. 이 책은 집중적으로 읽을 가치가 있다.

*~할 가치가 있다: be worth ~ing   집중적으로: intensively

11. 그들은 서로 만나기만 하면 다툰다.

*……하면 반드시 ~하다: not ……without ~ing   다투다: quarrel

12. 그녀는 하마터면 익사할 뻔했다.

*하마터면 ~할 뻔하다: come near~ing   물에 빠뜨리다: drown

13. 그는 막 외출하려고 하였다.

*막 ~하려고 하다: be on the point of ~ing   외출하다: go out

14. 나는 아침 식사를 가볍게 하는 것을 규칙으로 삼고 있다.

*~하는 것을 규칙으로 삼고 있다: make a point of ~ing

가벼운 아침 식사: light breakfast

15. 나는 웃지 않을 수 없다.

*~하지 않을 수 없다: cannot help ~ing   웃다: laugh

[영작문]

1. It is no use crying over spilt milk.
2. There is no knowing what may happen in the future.
3. It goes without saying that man is mortal.
4. I cannot help thinking him foolish.
5. On returning home, he threw himself on the sofa.
6. I spent two years working on this book.
7. These are trees of our own planting=These are trees planted
   by ourselves=These are trees we planted (by) ourselves.
8. I feel like making a trip somewhere.
9. He is busy studying tonight.

10. This book is worth reading intensively.

11. They cannot meet each other without quarrelling.

12. She came near being drowned＝she was nearly[almost] drowned.

13. He was on the point of going out.

14. I make a point of having a light breakfast.

15. I cannot help laughing.

Part
05

분사에 관한 영작문

분사는 동사와 형용사의 성질을 가지고 있으면 현재분사와 과거분사가 있다.

01 분사의 용법:

현재분사는 진행형(be + ……ing)을 만들고 과거분사는 수동태(be + −ed)를 만들며, 그 밖에 분사는 보어와 수식어의 역할을 한다. 이럴 경우 현재분사는 능동의 의미를 나타내고 과거분사는 수동의 의미를 나타낸다.

예문(1) 주격보어: 자동사와 함께 사용되며 주어를 보충 설명한다.

1. 그는 앉아서 소설을 읽고 있었다.

*소설: novel

2. 그 소년은 벽에 기대어 서 있었다.

*벽에 기대다: lean against the wall

3. 그는 자녀들에게 둘러싸여 앉아 있었다.

*둘러싸다: surround

4. 그는 이곳에 뛰어왔다.

*뛰다: run

5. 모든 사람은 그 소식에 만족스러워하는 듯하다.

*…… 듯하다: seem   만족스러운: satisfied

6. 나는 텔레비전을 보면서 저녁을 먹었다.

*보다: watch

7. 나는 한 시간 동안 줄곧 서 있었다.

*줄곧 ……하다: keep ～ing

8. 그녀는 서서 그녀의 남자친구와 싸우고 있었다.

*싸우다: fight

[영작문]
1. He sat reading a novel.
2. The boy stood leaning against the wall.
3. He sat surrounded by his children.
4. He came here running.
5. Everyone seems satisfied at the news.
6. I had dinner watching television.
7. I kept standing for an hour.
8. She stood fighting with her boyfriend.

 목적격 보어: 목적어가 목적보어의 의미상 능동주어일 때 보어는 현재분사, 목적어가 의미상 수동주어일 때는 과거분사가 사용된다.

1. 그는 나를 약 30분 기다리게 했다.
*기다리다: wait

2. 나는 누군가가 내 등을 만지는 것을 느꼈다.
*느끼다: feel   만지다: touch   등: back

3. 나는 내 자신이 계속 감시당하고 있다는 느낌이 들었다.
*감시하다: watch   내내: all the while

4. 나는 내 자신을 (상대방에게) 영어로 이해시킬 수 없었다.
*이해시키다: make oneself understood

5. 나는 나의 목소리를 듣도록 할 수가 없었다.
*듣도록 하다: make oneself heard

6. 나는 정오가 되기 전에 나의 일을 끝냈다.
*……시키다: get(have)＋사물＋과거분사

7. 그는 그의 아들이 피아노를 치는 것을 들었다.
*듣다: hear

8. 나는 그녀가 설거지하는 것을 보았다.
*설거지하다: wash the dishes

9. 나는 내 이름이 불리는 것을 들었다.

*부르다: call

10. 나는 그가 영어 노래를 부르는 것을 들었다.

*노래하다: sing

[영작문]

1. He kept me waiting about thirty minutes.
2. I felt someone touching my back.
3. I felt myself watched all the while.
4. I could not make myself understood in English
5. I could not make myself heard.
6. I got my work done before noon.
7. He heard his son playing the piano.
8. I found her washing the dishes.
9. I heard my name called.
10. I heard him singing an English song.

 예문(3) 분사가 다른 요소(목적어 · 보어 · 수식어구)를 동반할 경우는 명사의 뒤에 놓인다.

1. 시장에게 말을 하고 있는 신사는 나의 삼촌이다.

*시장: mayor

2. 멕시코에서 쓰는 언어는 무엇인가?

*언어: language

3. 나는 1시에 떠나는 기차를 탈 것이다.

*타다: take   떠나다: leave

4. 저기에서 춤추고 있는 숙녀는 나의 여자 친구이다.

*춤추다: dance

5. 나는 영어로 쓰인 편지를 받았다.

*받다: receive

6. 그림을 그리고 있는 소녀는 나의 언니이다.

*그리다: draw

7. 너는 문에 서 있는 그 사람을 아니?

*서다: stand   문: gate

8. 등이 부상당한 병사가 피를 흘리며 누워 있었다.

*부상당하다: wound   눕다: lie – lay – lain   피 흘리다: bleed

[영작문]

1. The gentleman (who is) speaking to the mayor is my uncle.
2. What is the language(which is) spoken in Mexico?
3. I'm going to take the train leaving at one.
4. The lady dancing there is my girl friend.
5. I received a letter (which was) written in English.
6. The girl (who is) drawing a picture is my sister.
7. Do you know the man standing at the gate?
8. A soldier wounded in the back lay bleeding.

예문(ㄴ) 명사 앞에 놓여 한정용법의 형용사와 같이 쓰이는 분사

1. 구르는 돌은 이끼가 끼지 않는다.

*구르다: roll   모으다: gather   이끼: moss

2. 부상당한 군인이 피를 흘리며 누워 있었다.

*부상당하다: wound

3. 짖고 있는 개는 나의 개다.

*짖다: bark

4. 달려가는 개를 어디서 너는 보았느냐?

*달리는 개: running dog

5. 피카소는 타고난 미술가이다.

*타고난: born   예술가: artist

6. 흥분한 사람들이 그 뉴스를 보면서 서 있었다.

*흥분한: excited

7. 그녀는 불타고 있는 집으로 달려갔다.

*불타다: burn

[영작문]

1. A rolling stone gathers no moss.
2. A wounded soldier lay bleeding.
3. The barking dog is mine.
4. Where did you see a running dog?
5. Picaso is a born artist.
6. The excited people stood seeing the news.
7. She ran into the burning house.

(02) 분사구문

분사구문란 분사를 사용하여 긴 절(때, 이유, 조건, 양보 등을 나타내는 부사절 및 등위절)을 간단히 줄여서 구로 만든 구문이다. 예를 들어 When he arrived at the hospital, he found his daughter was ill라는 문장에서 **When he arrived**를 **Arriving**이라는 분사로 바꾸어 **Arriving** at the hospital, he found his daughter was ill 이라고 표현할 수 있다. 이때 **Arriving at the hospital**부분을 분사구문이라고 한다.

예문(1) 때를 나타내는 분사 구문: 'when[while, after, as] +주+동'

1. 길을 걷다가, 나는 친구 한 명을 만났다.

   *……을 따라서 걷다: walk along

2. 고속도로 순찰이 눈에 띄자 그는 전속력으로 차를 몰았다.

   *……이 눈에 띄다: catch sight of   순찰대: patrol

   전속력으로: at full speed

3. 성경을 읽다가 나는 예수님을 만났다.

   *성경: Bible

4. 나를 보았을 때 그는 도망갔다.

   *도망가다: run away

5. 역에 도착해서 나는 그에게 전화를 걸었다.

*도착하다: arrive　　　전화를 걸다: call up

6. 집에 도착했을 때 누군가가 창을 통해 침입했다는 것을 발견했다.

*침입하다: break into

7. 일을 끝내고 나서 우리는 TV를 보았다.

*끝내다: finish

[영작문]

1. Walking along the street, I met a friend＝When I was walking along the street, I met a friend.
2. Catching sight of a highway patrol, he drove his car at full speed＝When he caught sight of a highway patrol, he drove his car at full speed.
3. Reading the Bible, I met Jesus.
4. Seeing me, he ran away.
5. Arriving at the station, I called him up＝when I arrived at the station, I called him up.
6. Arriving at home, I found that someone had broken into the house through the window.
7. Finishing the work, we watched TV＝After we finished the work, we watched TV.

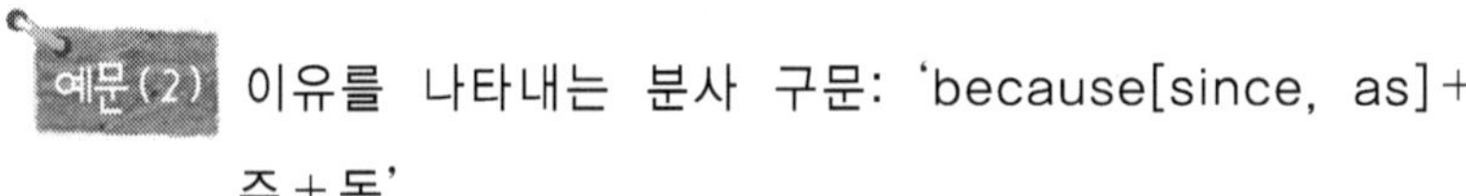

예문 (2)　이유를 나타내는 분사 구문: 'because[since, as]＋주＋동'

1. 할 일이 없어서, 나는 더 일찍 잠자러 갔다.

*할 일이 없다: have nothing to do　　　자다: go to bed

2. 전에 그 소년을 본 일이 있기 때문에, 나는 그를 당장 알아볼 수
   있었다.

*알아보다: recognize

3. 시골에 살고 있기 때문에 찾아오는 손님이 드물다.

*시골: country   좀처럼 …… 않다: rarely

4. 나는 돈이 없으므로 너를 도울 수 없다.

*돈이 없다: have no money

5. 차가 없어서 그녀는 집에 머물러 있었다.

*머무르다: stay

6. 매일 운동을 하기 때문에, 나는 매우 건강하다.

*운동하다: work out   건강한: healthy

7. 그는 아팠기 때문에 학교에 결석했다.

*아픈: sick   결석하다: be absent from

[영작문]

1. Having nothing to do, I went to bed earlier=As I had nothing
   to do, I went to bed earlier.
2. Having met the boy before, I could recognize him at once=
   Since I had met the boy before, I could recognize him at
   once.
3. Living in the country, I rarely have visitors.
4. Having no money with me, I can't help you.
5. Having no car, she stayed at home=As she had no car, she
   stayed at home.
6. Working out every day, I am very healthy.
7. Being sick, he was absent from school.

 조건을 나타내는 분사 구문: 'if＋주＋동'

1. 그 여자를 만나면, 나는 매우 기쁠 것이다.

*기쁜: glad

2. 왼쪽으로 돌면 그 건물이 나올 겁니다.

*왼쪽: left   돌다: turn

3. 하나님께 기도를 하면 기쁠 것이다.

*기도하다: pray

4. 이 버스를 타면 너는 부산에 6시에 도착할 것이다.

*타다: take   도착하다: arrive

5. 일찍 일어난다면, 나는 그곳에 갈 것이다.

*일어나다: get up

6. 담배를 끊는다면, 그는 오래 살지도 모른다.

*~일지도 모른다: may   오래 살다: live long

[영작문]

1. Meeting her, I shall be very glad＝If I meet her, I shall be very glad.
2. Turning to the left, you will find the building＝If you turn to the left, You will find the building.
3. Praying to God, you will be happy.
4. Taking this bus, you will arrive in Pusan at six.
5. Getting up early, I'll go there＝If I get up early, I'll go there.
6. Stopping smoking, he may live long.

예문 (4) 양보를 나타내는 분사 구문: 'though[although, even if]＋주＋동'

1. 비록 그 여자는 나이는 젊지만, 경험이 많다.

* 경험: experience

2. 나는 그의 집 가까이 살고 있지만 그를 좀처럼 본 적이 없다.

*좀처럼 ……않다: seldom

3. 그것이 사실이라고 인정한다 할지라도 우리는 너에게 동의할 수 없다.

*～이라 하더라도: granting[granted] that   동의하다: agree with＋사람

4. 파티에 초대를 받았지만 그녀는 오지 않았다.

*초대받다: be invited

5. 열심히 일했지만 피곤하지 않다.

*열심히: hard

6. 수업시간에 그녀를 자주 봤지만 나는 그녀와 말해본 적이 거의 없다.

*좀처럼 ……않다: seldom

7. 부자이지만 그는 행복하지 않다.

*부유한: rich

[영작문]

1. Being young, she has much experience＝Though she is young, ～.
2. Living near his house, I have seldom seen him＝Though I live near his house, ～.
3. Granting that it is true, we can't agree with you.
4. Being invited to the party, she did not come＝Though she

was invited to the party, ~.
5. Working very hard, I am not tired.
6. Though seeing her often in class, I have seldom talked to her.
7. Being rich, he is not happy.

[NOTE]
6. 분사구문에서 접속사를 생략하는 것이 보통이나 뜻을 명확히 하고자
   할 때는 접속사를 붙일 수도 있다.

예문(5) 부대상황을 나타내는 분사 구문: '절~and[while, as]절'

1. 환하게 웃으면서, 그녀는 나와 악수했다.
*밝게: brightly   악수하다: shake hands with

2. 그는 조용히 걸어서 창문으로 다가갔다.
*다가가다: approach

3. 그들은 그가 옳다고 말하면서 그를 지지했다.
*지지하다: support

4. 어머니를 쳐다보며 그는 어머니에게 무슨 일이 있는지를 물었다.
*일, 문제: matter

5. 음악을 들으면서 나는 그녀와 춤을 추었다.
*음악을 듣다: listen to music

6. 그는 작별인사를 하면서 집 밖으로 나갔다.
*~에서 나가다: go out of~

7. 노래를 즐겁게 부르면서 그녀는 계속 걸었다.

*즐겁게: merrily   계속 걷다: walk on

[영작문]

1. Smiling brightly, she shook hands with me = She smiled brightly
   and shook hands with me.
2. Walking quietly, he approached the window = He walked quietly
   and he approached the window.
3. They supported him, saying that he was right.
4. Looking at his mother, he asked what was the matter with
   her.
5. Listening to music, I was dancing with her.
6. Saying "good-bye", he went out of the house.
7. Singing merrily, she walked on.

03 분사구문의 시제와 태

　분사구문의 시제는 주문 동사의 시제에 따라 판단하지만, 분사
구문의 시제가 주절의 시제보다 이전일 때는 'having + 과거분사'
형태(완료분사)를 사용한다.

1. 전에 한 번도 본 적이 없었기 때문에 나는 그가 누구인지 몰랐다.

*전에: before

2. 달이 떴으므로 우리는 등불을 껐다.

*뜨다: rise   끄다: put out

3. 멀리서 보면 그 돌은 마치 사람의 얼굴처럼 보인다.

*멀리서: from a distance   인간의 얼굴: human face

4. 수업이 끝나자 우리는 풀장으로 수영을 하러 갔다.

*끝나서: over   수영가다: swimming

5. 이 일이 끝났으므로 그는 잤다.

*끝난, 마친: done   자다: go to bed

6. 나는 피곤하고 졸려서 평상시보다 일찍 잤다.

*평상시보다: than usual

7. 그는 미국에 살았기 때문에 영어에 능통하다.

*능통한: proficient

8. 급하게 인쇄됐기 때문에 이 책에는 인쇄에 잘못이 많다.

*급하게: in haste   오타: misprint

9. 신문을 읽었기 때문에 나는 그 사고에 대해 알고 있다.

*사고: accident

10. 그녀에게 답장을 못 받았기 때문에 그녀에게 다시 편지를 썼다.

*받다: receive

11. 지금까지 자주 속아 왔기 때문에 지금 나는 조심하고 있다.

*속이다: deceive   경계하다: be on guard

[영작문]

1. Never having seen him before, I didn't know who he was＝As
   I had never seen him before, I didn't know who he was.
2. As the moon had risen, we put out the light＝The moon having

risen, we put out the light.

3. Seen from a distance, the stone looks like a human face =
When it is seen from a distance, the stone looks like a
human.

4. School over, we went swimming in the pool = After school was
over, we went swimming in the pool.

5. This done[This having been done = After this had been done],
he went to bed.

6. Tired and sleepy, I went to bed earlier than usual = As I was
tired and sleepy, I went to bed earlier than usual.

7. Having lived in America, he is proficient in English.

8. Having been printed in haste, this book has many misprints.

9. Having read the newspaper, I know about the accident.

10. Not having received an answer, I wrote a letter to her again.

11. Having been deceived so often, I am now on my guard.

[NOTE]

1. never는 Having never seen을 해도 좋지만 문두에 나가는 경우 뜻
이 더 강조된다. 그리고 not은 반드시 분사 앞에 나가야 된다.

3. 분사구문이 수동태를 나타낼 때는 'being＋과거분사', 'having been
＋과거분사'를 수용한다. 단 문두에 오는 분사구문에서는 being은 생
략되고 과거분사만 남는 것이 보통이다.

4. 독립 주격을 가진 과거분사 done, over도 being이 생략될 때가 많다.

5. 형용사나 명사가 보어가 될 때도 being이 생략된 분사구문으로 생각할
수 있다.

(04) 분사구문의 관용법

예문(1) 독립 주어를 가진 것 - 주문의 주어와 분사의 의미상의
주어가 다를 때에는 그 분사 앞에 의미상의 주어를 나
타내어야 하는데 이것을 '독립 분사 구문'이라고 한다.

1. 날씨만 허락되면 우리 배는 내일 출발한다.

*항해하다: sail   허락하다: permit

2. 모든 점을 고려할 때 그의 임금인상 요구는 타당하다.

*고려하다: consider   임금: wage   타당한: reasonable

3. 식사가 끝나자, 우리는 산책을 나갔다.

*산책가다: go out for a walk.

4. 내일 날씨가 좋으면, 우리는 소풍을 갈 것이다.

*소풍가다: go on a picnic

5. 할 일이 없었기 때문에 나는 영화를 보러 갔다.

*영화 보러 가다: go to the movies

6. 우리는 모두 소풍을 가고 어머니만 남으셨다.

*남다: remain

7. 밤이 다가와서 우리는 집으로 향해 떠났다.

*~을 향해 떠나다: leave for

[영작문]

1. Our ship sails tomorrow, the weather permitting[If the weather permits].
2. All things considered[When all things are considered], his demand for higher wages is reasonable.
3. Our dinner being over, we went out for a walk.
4. It being fine tomorrow, we will go on a picnic = If it is fine tomorrow, we will go on a picnic.
5. There being nothing to do, I went to the movies.
6. We all went on a picnic, only mother remaining at home(We

 무인칭 독립 분사 구문 – 분사의 의미상의 주어가 총칭
인칭(one, we, you, they 등)일 때는 이를 생략한다.

1. 엄격히 말해서 그의 보고는 사실이 아니다.

*보고: report

2. 그의 말로 판단컨대 그는 사건의 진상을 잘 모르고 있는 것 같다.

*~을 모르다: be ignorant of

3. 나이에 비하면 그는 젊어 보인다.

*고려하다: consider

4. 솔직히 말하면 저것은 옳지 않다.

*옳은: correct

5. 술 취했다는 것을 인정한다 하더라도, 너는 너의 행동에 책임을 져
야 한다.

*(술에)취한: drunk   ~에 책임을 지다: be responsible for~

6. 그녀의 나이에 비하면, 그녀는 매우 활동적이다.

*활동적인: active

[영작문]
1. Strictly speaking, his report is not true.
2. Judging from his statement, he seems to be ignorant of the
   truth of the matter.

3. Considering his age, he looks young.
4. Frankly speaking, that is not correct＝If we speak frankly, ～.
5. Granting that you were drunk, you are responsible for your
   conduct.
6. She is very active, considering her age.

Part 06

조동사에 관한 영작문

동사만으로는 나타낼 수 없는 시제, 법, 태, 의문, 부정, 강조 등을 나타내거나 가능, 필요, 의무 등의 뜻을 나타낸다.

 can

1. 나는 영어를 말하고 쓸 수 있다.

*말하다: speak 쓰다: write

2. 내가 너의 펜을 사용할 수 있을까?

*사용하다: use

3. 그런 일들이 가능할까?

*가능한: possible

4. 그것이 사실일 리가 없다.

*~일 리가 없다: cannot 사실인: true

5. 누구든지 실수를 할 수 있다.

*실수하다: make a mistake

6. 나는 너를 바보라고 생각하지 않을 수 없다.

*바보: fool

7. 우리는 그 학생을 아무리 칭찬해도 지나치지 않다.

*칭찬하다: praise

8. 그녀는 더할 나위 없이 친절하다.

*친절한: kind

[영작문]

1. I can speak and write English.
2. Can I use your pen?
3. Can such things be possible?
4. It cannot be true.
5. Anybody can make mistakes.
6. I cannot but think you to be a fool.
7. We cannot praise the student too much.
8. She is as kind as (kind) can be.

[NOTE]

1. 통상적 능력.
2. 허가를 나타내는 것으로 may의 뜻.
3. 의혹을 나타내며 '도대체 ~일까'
4. 부정적 추측으로서 '~리가 없다'
5. 이론상의 가능성을 나타낸다.
6. 'cannot but＋원형' '~하지 않을 수 없다'
7. 'can not~too＋형, 부' '~해도 지나치지 않다'
8. 'as ~as can be' '더할 나위 없이 ~한'의 의미가 된다.

예문 (2) may

1. 여기 앉아도 되요?

*앉다: sit

2. 그 소문은 사실일지도 모르고 아닐지도 모른다.

*소문: rumor

3. 그 숙녀는 부자였을지도 모른다.

*부유한: rich

4. 어디를 가나 집보다 좋은 곳은 없다.

*곳, 장소: place   ……같은: like

5. 나는 좋은 자리를 잡기 위해 도서관에 일찍 간다.

*자리: seat   도서관: library

6. 고이 잠드소서!

*땅속에 잠들다: rest in peace

7. 너의 어머니가 너의 말에 화를 내는 것은 당연하다.

*화나다: get angry

8. 지금 비가 오고 있으니 너는 집에 있는 것이 낫겠다.

*집에 머물다: stay at home

9. 그 사기꾼에게 돈을 빌려 주느니보다는 차라리 그것을 한강에 던져
   버리는 편이 낫다.

*던지다: throw   사기꾼: swindler

10. 그의 마음이 변하기를 원하느니 차라리 해가 서쪽에서 뜨는 것을
    바라는 것이 낫다.

*마음이 변하다: change one' mind

[영작문]

1. May I sit here?
2. The rumor may or may not be rue.
3. She may have been rich.
4. Wherever you may go, there is no place like home.
5. I go to the library early so that I may get a good seat.
6. May he rest in peace.
7. Your mother may well get angry at your words.
8. As it is raining now, you may as well stay at home.
9. You might as well throw your money into the Han river as lend it to the swindler.
10. You might as well wish the sun to rise in the west as hope to change his mind.

[NOTE]

1. 허가를 나타낸다.
2. 말하는 사람의 현재의 추측으로 '~일지도 모른다'를 나타낸다.
3. 과거의 추측으로서 '~이었을지도 모른다'
4. may가 양보의 부사절을 만든다.
5. may가 목적의 부사절을 만든다.
6. may가 기원을 나타낸다.
7. 8. 9는 may와 might의 관용적 표현이다. 'may well~' '~하는 것도 당연하다' 'may as well~' '~하는 것이 좋겠다', 'might[may] as well ~as……' '……하느니 차라리 ~하는 것이 낫다'

예문 (3) must

1. 우리는 내일 보고서를 제출해야 한다.

*제출하다: hand in

2. 그 풍문은 사실임에 틀림없다.

*풍문: rumor

120

3. 그 풍문을 사실일 리가 없다.

*……일 리가 없다: cannot

4. 그녀가 거짓말을 했음이 틀림없다.

*거짓말하다: tell a lie

5. 그녀가 거짓말을 했을 리가 없다.

*……했을 리가 없다: cannot＋have＋p.p.

6. 그녀는 젊었을 때 미인이었음에 틀림없다.

*미인: beauty　　　　전성기: in one's day

[영작문]

1. We must hand in our report tomorrow.
2. The rumor must be true.
3. The rumor cannot be true.
4. She must have told a lie
5. She cannot have told a lie.
6. She must have been a beauty in her day.

[NOTE]

1. 의무, 필요
2. 강력한 추측을 나타낸다. 현재의 추측은 'must＋원형동사' '~임에 틀림없다'이다.
3. must의 부정은 'can not＋원형동사'로서 '~일 리가 없다'이다.
4. 과거의 추측으로서 'must＋have＋p.p.' '~했음에 틀림없다'
5. 4의 부정으로서 'cannot＋have＋p.p.' '~했을 리가 없다'

 ought to

1. 너는 즉시 가야 한다.

*즉시: at once

2. 너의 나이에 철이 들어야지.

*……할 정도로 어리석지 않다[철이 들다]: know better(than to do)

3. 다음 주는 틀림없이 날씨가 좋을 것이다.

*맑은: fine

4. 우리는 서로 도와야 한다.

*서로서로: one another

[영작문]

1. You ought to go at once.
2. At your age you ought to know better.
3. It ought to be fine next week.
4. We ought to help one another.

[NOTE]

ought to는 must보다 뜻이 다소 약하며, should와 거의 동일한 의미를 지닌다.
1. 의무를 나타낸다.
2. 당연을 나타낸다.
3. must보다 약한 추측을 나타낸다.

 will

1. 이것이 우리가 탈 마지막 버스인가 보다.

*마지막: last

2. 그 문은 아무리 해도 열리지 않는다.

*열리다: open

3. 물에 빠진 사람은 지푸라기라도 잡는다.

*물에 빠져 있는: drowning　　　　　　　지푸라기: straw

4. 이 신발은 등산에 적합하지 않다.

*등산: mountain climbing

[영작문]

1. This will be our last bus.
2. The door will not open.
3. A drowning man will catch at a straw.
4. These shoes won't do for mountain climbing.

[NOTE]

1. 현재의 추측의 '~일 것이다' 뜻.
2. 고집, 거절의 '~하려 들지 않다' 뜻으로 강하게 발음하며 이 경우에는
   'll라는 단축형을 쓸 수 없다.
3. 습성, 경향으로 '~하는 습성이 있다, ~하게 마련이다'를 나타낸다.
4. 'will do'의 관용적 표현으로서 '~에 적합하다, 충분하다'의 뜻으로 쓰
   인다.

예문 (6) shall

1. 언론의 자유는 파괴되어서는 안 된다.

*자유: freedom　　　　　　　파괴하다[어기다]: violate

2. 구하라, 그러면 얻으리라.

*요구하다: ask

3. 우리 춤출까요?

*춤추다: dance

예문(7) would

1. 우리 이웃은 자기가 그 개를 돌보겠다고 우리에게 말했다.

*이웃: neighbor   돌보다: take care of

2. 나는 부모님을 설득시키려고 노력하였으나, 부모님은 나의 말을 들으려고 하지 않았다.

*설득하다: persuade

3. 종종 그는 산책을 하곤 했다.

*산책하다: go for a walk

4. 저에게 당신의 신분증을 보여주시겠어요?

*신분증: ID card＝identity card

5. 아내가 집에 돌아오면 좋겠다.

*돌아오다: return

6. 내가 그녀의 이름을 안다면 알려 줄 텐데.

*알리다[말하다]

7. 나는 불명예스럽게 사느니 차라리 죽음을 택하겠다.

*불명예: disgrace

[영작문]

1. My neighbor told us that he would take care of the dog.
2. I tried to persuade my parents, but they would not listen to me.
3. He would often go for a walk.
4. Would you mind showing me your ID card?
5. I wish my wife would return home.
6. If I knew her name, I would tell you.
7. I would rather die than live in disgrace.

[NOTE]

1. will의 과거형으로서 시제의 일치에 의한 것이다.
2. 과거의 의지로 고집, 거절을 나타낸다.
3. 과거의 불규칙적인 습관을 나타낸다.
4. 공손한 표현을 나타낸다.
5. I wish와 더불어 비현실적인 희망을 나타낸다.
6. 가정법의 주절에서 사용된다.
7. 'would rather A than B' 'B하느니 차라리 A하겠다'

예문(8) should

1. 나의 모든 친구들은 내가 곧 회복할 것으로 기대했다.

*기대하다: expect   회복하다: recover

2. 부모들은 자기들의 생각을 자녀들에게 강요해서는 안 된다.

*강요하다: force

3. 선생님이 화를 내는 것은 당연하다.

*당연한: natural   화를 내다: get angry

4. 그녀가 그렇게 말하다니 이상하다.

*이상한: strange

5. 장군은 모든 장병들이 즉시 집합하도록 명령했다.

*장군: general   집합시키다: assemble

6. 내일 날씨가 좋다면, 나는 낚시하러 가겠다.

*낚시하러 가다: go fishing

7. 그녀는 남편이 깨지 않도록 조용히 들어왔다.

*조용히: quietly   깨우다: wake

8. 내가 그 사실을 어떻게 알아?

*사실: fact

[영작문]

1. All my friends expected that I should soon recover.
2. Parents should not force their ideas on their children.
3. It is natural that the teacher should get angry with us.
4. It is strange that she should say so.
5. The general ordered that all the officers and men (should) be
   assembled at once.
6. If it should be fine tomorrow, I would go fishing.
7. She came in quietly so that she should not wake her
   husband.

[NOTE]

1. shall의 과거형(실제 일치에 따른 것이다).
2. 의무, 당연으로 '~해야 한다'의 뜻이다. 그리고 'should＋have＋p.p.'는 과거에 해야 할 일이 행해지지 않았음을 나타낸다. 예를 들어 You should have kept your promise는 약속을 지켰어야 하는데 안 지켰다라는 뜻이다.
3. 이성적 판단을 나타내는 형용사가 주절에 오면 종속절에는 should를 사용한다. 이러한 형용사는 다음과 같다. anxious, appropriate, compulsory, crucial, eager, essential, fitting, good, important, impossible, natural, necessary, obligatory, proper, rational, right, vital, wrong 등.
4. 감정적 판단과 that 절에서는 should가 빈번히 쓰인다. 우리말로 번역은 '~하다니'이다. 감정적 판단을 나타내는 형용사는 afraid, alarmed, amazed, amused, angry, annoyed, astonished, curious, depressed, disappointed, distressed, glad, grateful, happy, hopeful, horrified, sorry, strange, surprising, upset 등.
5. 주절에 주장, 명령, 제안, 결정을 나타내는 동사가 올 때 should를 쓴다. 이러한 동사로는 insist, urge, order, suggest, advise, demand, request, require, recommend, decide 등.
6. 가정법 미래에서 불확실한 것을 가정할 때 사용된다.
7. 목적을 표현하는 과거의 절 속에서 사용된다.
8. should가 why, who, how 등의 의문문에서 놀람, 뜻밖의 기분을 나타내거나 수사 의문문을 나타낸다.

dare, need

1. 너는 감히 어떻게 부모님의 말씀에 불복종하니?

*불복종하다: disobey

2. 네가 직접 수고할 필요는 없다.

*수고를 끼치다: trouble

3. 그는 감히 나에게 말을 붙이지 못한다.

*……에게 말을 걸다: speak to

[영작문]
1. How dare you disobey your parents?
2. You need not trouble yourself.
3. He dare not speak to me.

[NOTE]
dare, need는 본래 본동사이나 다음 두 가지 경우에는 모두 조동사로 쓸 수 있다. 의문문인 경우에 주어 앞에 올 때와 부정문인 경우 부정하는 말과 합칠 때이다. 'need not have+p.p.'는 '그럴 필요가 없는데 했다'는 뜻이다.

Part
07

태에 관한 영작문

예문(1) 능동태와 수동태

1. 그녀는 이 편지를 썼다.

*쓰다: write – wrote – written

2. 이 편지는 그녀에 의해 쓰였다.

3. 그들은 그에게 좋은 자리를 제공했다.

*제공하다: offer   자리[지위]: position

4. 좋은 자리가 그에게 제공되었다.

5. 우리는 김 박사를 이사로 임명하였다.

*임명하다: appoint   이사: director

6. 김 박사는 이사로 임명되었다.

[영작문]

1. She wrote this letter. (능)
2. This letter was written by her. (수)
3. They offered him a good position. (능)
4. A good position was offered to him. (수)
5. We appointed Dr. Kim director. (능)

[NOTE]

타동사의 목적어가 수동태의 주어가 된다. 직접 목적어와 간접 목적어가 모두 수동태로 쓰이지 못하고 직접 목적어만 수동태의 주어로 쓰이는 동사는 다음과 같다. write, bring, buy, carry, do, ensure, get, hand, make, pass, preach, reach, read, return, sell, send, sing, throw 등. 그리고 간접 목적어만 수동태의 주어로 쓰이는 동사는 envy, call, kiss, spare 등이다.

예문(2) 동사구의 수동태

1. 나의 아내가 그 어린 소녀를 돌보아 줄 것이다.

*돌보다: look after

2. 우리는 많은 어려움을 견뎌내야 한다.

*참다: put up with

3. 그들은 이 불쌍한 아이를 돌보았다.

*돌보다: take care of

4. 그는 친구들에게 비웃음을 받았다.

*비웃다: laugh at

5. 이 책은 쉬운 영어로 쓰였다.

*쉬운: easy　　　　　　　영어로: in English

[영작문]

1. My wife will look after the little girl. (능)
   The little girl will be looked after by my wife. (수)

2. We must put up with much difficulty. (능)
   Much difficulty must be put up with. (수)
3. They took care of the poor child. (능)
   The poor child was taken care of (by them). (수)
4. He was laughed at by his friends.
5. This book is written in easy English.

[NOTE]
분리시킬 수 없는 단어들은 한 단위로 취급한다.

예문(3) 지각동사와 사역동사 수동태

1. 우리는 그 학생이 방에 들어가는 것을 보았다.

*들어가다: enter

2. 그들은 그를 유학 가도록 시켰다.

*유학 가다: study abroad

[영작문]
1. We saw the student enter the room. (능)
   The students was seen to enter the room. (수)
2. They made him study abroad. (능)
   He was made to study abroad. (수)

[NOTE]
지각동사와 사역동사가 능동형으로 사용될 때는 원형부정사가 보어로 나오
지만, 일단 수동태로 바뀌면 그 원형 부정사는 'to' 있는 부정사로 변한다.
지각동사: hear, feel, watch, observe, notice.
사역동사: make bid let have 중에서 make, bid만 수동이 가능함.

 목적어가 절인 수동태, 즉 'People[They]say〜'의 구문

1. 우주 비행사들은 현대의 영웅이라고들 한다.

*우주비행사: astronaut   영웅: hero

2. 숙자는 거짓말쟁이였다고 한다.

*거짓말쟁이: liar

[영작문]

1. People say that astronauts are modern heroes. (능)
   It is said that astronauts are modern heroes. (수)
   Astronauts are said to be modern heroes. (수)
2. They say that Suk－ja was a liar. (능)
   It is said that Suk－ja was a liar. (수)
   Suk－ja is said to have been a liar. (수)

[NOTE]

목적어가 that〜절일 때 그들을 수동태로 만드는 데 두 가지가 있다. 첫째는 가주어 it을 내세우고 서술동사를 수동으로 하고 that－절은 뒤에 놓는다. 즉 'It is said that 〜절' 둘째는 that－절 속의 주어를 수동태의 주어로 삼는다. 그리고 서술동사를 수동태로 하고 그 뒤에 to－부정사를 쓴다. 2. 주절의 동사보다 that－절의 동사가 앞선 시제이므로 to－부정사가 완료형인 'to have＋p.p.'가 된다.

예문(5) 명령문의 수동태

1. 그것을 즉시 해라.

*곧: at once

2. 시간을 낭비하지 마라.

*낭비하다: waste

예문(6) 의문문의 수동태

1. 이 기계는 누가 발명했니?

*발명하다: invent

2. 그녀가 미소 짓는 것을 본 적이 있니?

*미소 짓다: smile

3. 그들은 그것을 어디에서 발견했느냐?

*발견하다: find

예문(7) 주어가 부정어의 수동태

1. 아무도 박 양을 좋아하지 않는다.

*아무도 ……않다: nobody

2. 아무것도 박 양을 웃기지 않는다.

*웃다: laugh

[영작문]

1. Nobody likes Miss Park. (능)

Miss park is not liked by anybody. (수) (○)

Miss Park is liked by nobody. (×)

2. Nothing makes Miss Park laugh. (능)

Miss Park is not made to laugh by anything. (수)

[NOTE]

'by＋부정의 명사'는 의미상 쓸 수 없으므로 'not～by＋긍정의 명사'로 바꾸어야 한다.

예문(8) 주어가 by 이외의 전치사로 표시되는 수동태

1. 그녀의 사장은 그녀의 일에 매우 만족했다.

*만족한: pleased

2. 그는 깊은 생각에 잠겨 있었다.

*열중한: absorbed

3. 그녀와 나는 서로 오랜 친분이 있었다.

*친분이 있는: acquainted

[영작문]

1. Her boss was very much pleased with her work.
2. He was absorbed in deep thought.
3. She and I have been long acquainted with each other.

예문 (9) 능동태의 형태지만 수동의 의미로 해석되는 동사

1. 선생님은 버스에서 소매치기를 당했다.

*소매치기하다: pick

2. 이 귤들은 껍질이 잘 벗겨진다.

*……의 껍질을 벗기다: peel

3. 낭비할 시간이 없다.

*낭비하다: lose

[영작문]

1. The teacher had his pocket picked in the bus.
2. The oranges peel easily.
   (=These oranges are peeled easily)
3. There is no time to lose.
   (=There is no time to be lost)

[NOTE]

1. 'have+목적어(사물)+p.p.'가 수동의 뜻을 지닌다. 또한 이 구문은 사
   역의 뜻을 지니기도 한다.
2, 3. 능동태가 수동의 의미가 된다.

가정법에 관한 영작문

사실은 아니지만 한 번쯤 상상해 보는 형식으로, 사실과 반대되는 **가정**이나 불확실한 **상상**, 강한 **의구심**, **소망**, **요구**, **권유**, 기타 **완곡한 말** 등을 나타내는 동사의 특별용법을 가정법이라고 한다. 가정법에는 **가정법 현재**, **가정법 미래**, **가정법 과거**, **가정법 과거 완료** 등 4종류가 있다.

01 가정법 과거: 현재의 사실에 반대되는 가정

'If + 주어 + 과거동사 ~, 주어 + would, should, could, might + 원형'
[be동사는 were]

예문(1) ······라면 ~할 텐데

1. 내가 그녀의 주소를 알고 있다면, 편지를 쓰겠는데.
*주소: address

2. 내가 만약 차를 가지고 있다면 너를 집에까지 데려다 줄 텐데.
*태워주다: drive

 예문(2) If It were not for…… = But for…… = Without……

1. 물이 없다면 우리는 죽을 것이다.

*죽다: die

2. 너의 도움이 없다면, 나는 실패할 것이다.

*실패하다: fail

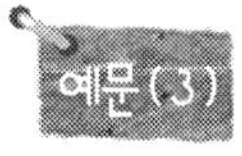 예문(3) 조건절 상당어구: If - clause의 내용을 적절한 상당어구, 즉 부사구, 명사주어, 부정사구 등으로 대치시킬 수 있다.

1. 내가 네 입장이라면 그를 도와주겠는데.

*입장: place

2. 진정한 친구라면 그와 같은 일을 하지 않을 것이다.

*그러한: such

3. 그가 영어로 말하는 것을 듣는다면 당신은 아마 그를 미국인으로
   착각할 것이다.

*A를 B로 잘못 알다: take A for B

I wish (that)＋주어＋동사의 과거형[be동사는 were]

1. 내가 부자라면 좋을 텐데.

*부유한: rich

2. 내가 물고기처럼 수영할 수 있었으면 좋으련만.

*처럼: like

3. 비가 그쳤으면 좋겠는데.

*그치다: stop

[영작문]

1. I wish I were rich＝I am sorry that I am not rich.
2. I wish I could swim like a fish＝I am sorry that I cannot swim like a fish.
3. I wish the rain would stop.

 as if[as though]＋주어＋가정법 과거: '마치 ~인 것 처럼'(사실은 아닌데)

1. 그 여자는 마치 아기처럼 말한다.

*말하다: talk

2. 그는 모든 것을 다 아는 것처럼 보인다.

*보이다: look

[영작문]

1. The woman talks as if she were a baby.
2. He looks as if he knew everything.

 It is time＋주어＋가정법 과거, 기타 관용적 용법

1. 이제 잠잘 시간이다.
2. 이제 떠나야 할 시간이다.
3. 그는 말하자면 잠자는 사자이다.

(02) 가정법 과거완료

가정법 과거가 '현재 사실에 반대되는 상상'을 나타내는 것과는 달리 가정법 과거완료는 '과거 사실에 반대되는 상상'을 나타낸다.

'If + 주어 + had + p.p., 주어 + (would, should, could, might) + have + p.p.'

가정법과거완료는 형태가 과거완료이기 때문에 그렇게 명칭이 붙었을 뿐, 의미상의 시제는 과거에 관한 가정이다.

예문(1) 만약(그때) ~했더라면 ……했을 텐데

1. 만약 내가 돈을 많이 가지고 있었더라면 그 집을 샀을 텐데.
2. 내가 의사의 충고를 들었더라면 지금 병을 앓고 있지는 않을 텐데.
*……의 충고를 받아들이다: take a person's advice

 **예문(2)** If it had not been for ……[But for …… = Without ……]

1. 만약 너의 충고가 없었더라면 나는 실패하고 말았을 것이다.

*실패하다: fail

2. 만약 돈이 없었더라면 나는 집에 돌아오지 못했을 것이다.

*돌아오다: come back

[영작문]

1. If it had not been for your advice, I would have failed.
2. If it had not been for the money, I could not have come back home.

예문(3) 기타 가정법 조건절 상당어구

1. 좀 더 좋은 시대에 태어났더라면 그는 성공했을 텐데.

*시대: times   성공적인: successful

2. 조금만 더 주의했더라면 너는 그 사고를 피할 수 있었을 텐데.

*피하다: avoid   사고: accident

3. 진짜 범인이었다면 달리 행동했을 것이다.

*범인: criminal

1. Born in better times[if he had been born in better times], he would have been successful.
2. With a little more care, you would[could] have avoided the accident.
3. A real criminal would have acted differently.

1, 2는 부사구가 조건절을, 3은 명사주어가 조건절을 대행하고 있다.

 I wish+주어+had+p.p: 실현되지 못한 과거의 소망을 나타낼 때. '……했어야 했는데 (못해서 유감)'이라고 번역한다.

1. 너는 첫 학기에 좀 더 열심히 공부했더라면 좋았을 텐데.

*학기: term

2. 그 책을 샀더라면 좋았을 텐데.

1. I wish you had studied harder in the first term.
2. I wish I had bought the book.

1. I am sorry you did not study harder in the first term의 뜻이다.
2. I am sorry I did not buy the book의 뜻이다.

예문(5) as if[though]+주어+과거(완료): as if 이하의 가정법 형식은 주어의 시제(현재든지 과거든지)와 관계없다.

1. 그는 오랫동안 아팠던 것처럼 보인다.

*아픈: ill

2. 그는 이미 알고 있었던 것같이 말한다.

*말하다: speak

[영작문]
1. He looks[looked] as if he had long been ill.
2. He speaks as if he had known about it.

[NOTE]
'as if' 다음의 '~처럼'의 뜻이 아주 약할 경우 가정법 형식을 쓰지 않는 경우도 있다. 가정법에서는 비현실성이 강조되고 직설법에서는 가능성이 강조된다.

03 가정법 미래

확률이 극히 낮거나 있을 수 없는 일을 가정할 때 이 표현법을 사용한다.

예문(1) 'If+주어+should, would+원형, 주어+조동사의 과거(미래, 현재)+원형……'

1. 만일 그가 온다면, 당신에게 알려 드리겠습니다.

*알리다: tell

2. 만약 실패라도 한다면, 무엇을 하겠소?

*실패하다: fail

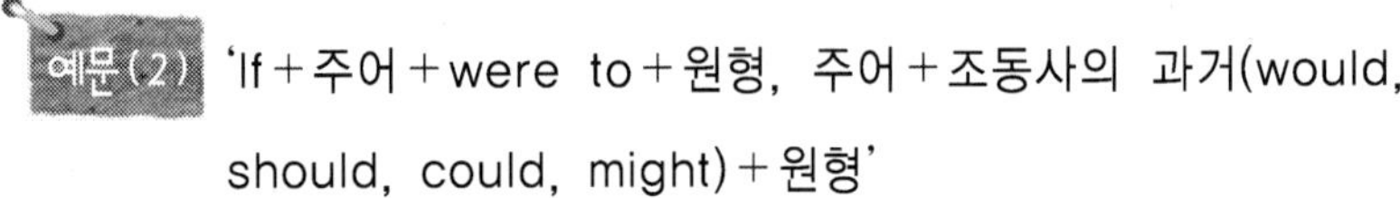 예문 (2) 'If+주어+were to+원형, 주어+조동사의 과거(would, should, could, might)+원형'

현재와 미래에 관한 거의 '있을 수 없는 일'이나 실현성이 '의문스러운 일'을 가정할 때, 조건절은 주어의 인칭, 수에 관계없이 'were to'를 쓰며 귀결절에는 조동사 would, should, could, might를 주로 사용한다.

1. 설사 해가 서쪽에서 뜬다 해도, 나는 나의 결심을 바꾸지 않겠다.

*뜨다: rise   바꾸다: change

2. 네가 만일 내일 죽는다면, 지금 무엇을 하겠니?

*죽다: die

현재 또는 미래에 관하여 불확실한 것을 상상한 '만약 ~라면 ……일 것이다'와 같은 표현을 가정법 현재라고 한다.

예문(1) If + 주어 + 원형[or 현재], 주어 + will……

1. 내일 만약 비가 온다면 나는 교회에 가지 않겠다.
*비가 오는: rainy

2. 그 소문이 진짜라면 기쁘겠는데.
*소문: rumor

[영작문]
1. If it be[is] rainy tomorrow, I will not go to church.
2. If the rumor be[is] true, we will be glad.

형용사에 관한 영작문

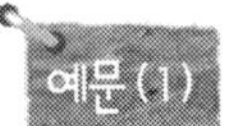 예문(1) many, much

1. 우리는 여기 오는 길에 많은 새를 보았다.
*도중에: on the way

2. 너는 나의 아파트를 찾는 데 매우 어려웠니?
*~하는 데 어려움을 갔다: have difficulty in(to)~

3. 그것은 대단한 만찬회는 아니었다.
*만찬: dinner

4. 우리는 그녀가 하는 일을 중히 여기지 않는다.
*일: work

5. 그 거지는 자기 이름조차 쓸 줄 모른다.
*거지: begger

6. 한강은 서울을 분리시킨다기보다는 오히려 하나가 되게 하고 있다.
*분리하다: divide

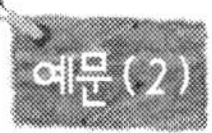 few, a few, little, a little

1. 너의 영작문은 틀린 곳이 거의 없다.

*작문: composition

2. 나는 그 방면에 거의 경험이 없다.

*경험: experience   방면[계통]: line

3. 그 남자는 약간의 친구가 있다.

*약간의: a few

4. 너는 약간의 고통을 참아야 한다.

*참다: endure

5. 그런 꽃이 적지 않다.

*그러한: such

6. 박 양은 재주가 적지 않다.

*재주: tact

[영작문]
1. Your English composition has few mistakes.
2. I have little experience in that line of work.
3. He has a few friends.
4. You must endure a little trouble.
5. There are not a few(no few) such flowers.
6. Miss Park has not a little (no little) tact.

[NOTE]
1, 2의 few, little은 조금밖에 없다는 부정적 의미.
3, 4의 a few, a little은 조금이지만 있다는 긍정의 뜻.
5, 6의 not a few, not a little는 '상당히 많은 수, 양'을 나타낸다. not a few＝no few, quite a few(꽤 많은 수)＝a good many, not a little(적지 않게, 매우)＝no little, quite a little(다량, 많음)＝a good deal of.

 some, any

1. 우리는 약간의 돈을 가지고 있다.

*약간의: some

2. 만약 그녀가 약간의 분별이 있다면 빗속에 나가지 않을 것이다.

*분별: sense

3. 커피도 드시겠어요?

*(음식물을) 먹다, 마시다: have

4. 어떤 집은 그림처럼 보였다.

*……처럼 보이다: look like

[영작문]

1. We have some money.
2. If she has any sense, she will not go out in the rain.
3. Would you like to have some coffee?
4. Some house looks like a picture.

[NOTE]

some은 긍정문에, any는 부정, 의문, 조건문에서 사용한다. 그러나 긍정의 답을 기대하거나 권유를 나타낼 때는 의문문에서도 some을 쓴다. 4의 some은 수·양과 관계없이 단수 명사를 수식하는 것으로서 '어떤'의 뜻이다.

예문(4) enough

1. 나는 여행할 충분한 돈이 있다.

*여행하다: travel

2. 내 아들은 자동차를 살 만큼 부자다.

*부유한: rich

[영작문]

1. I have enough money to travel.
2. My son is rich enough to buy a car.

예문(5) dozen, score, hundred, thousand

1. 5백(5천) 명이 부상당했다

*부상시키다: injure

2. 10년은 긴 세월이다.

*세월: time

3. 그 공이 10달러이면 지나친 가격이다.

*지나친: excessive

[영작문]

1. Five hundred[thousand] people were injured.
2. Ten years is a long time.
3. Ten dollars is an excessive price for the ball.

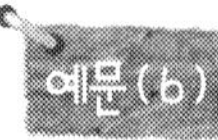 **double, half, ~times**

1. 나는 일반 요금의 두 배를 지불했다.

*요금: fare   두 배의: double

2. 우리는 벌써 거리의 반을 걸었다.

*반: half

3. 그녀는 남편이 쓰는 돈의 배를 쓴다.

*쓰다: spend   두 배: twice

4. 이 교수는 내가 갖고 있는 책의 4배를 가지고 있다.

*교수: professor

[영작문]

1. I paid double the usual fare.
2. We have already walked half the street.
3. She spends twice as much as her husband.
4. Professor Lee has four times as many books as I.

[NOTE]

times as much [tall, long, wide, high]: as '양[키, 길이, 넓이, 높이 등]'

1. 사람들의 1/2은 대학생이다.

*대학: college

2. 나무의 4/5는 갈색이다.

*갈색: brown

3. 지구의 3/4이 물로 되어 있다.

*지구: earth

4. 그들의 2/3가 10세 미만이다.

*……미만의: under

[영작문]

1. A half of the people are college students.
2. Four-fifths of the tree is already brown.
3. Three-fourths of the earth is covered with water.
4. Two-thirds of them are under ten years of age.

[NOTE]

분자는 기수(one, two, ……)로 분모는 서수(third, fourth, ……)로 표기하며 분자가 복수일 경우 분모에 -s(복수형)를 붙인다. 또한 '분수＋of＋명사어구'가 주어일 때 동사의 수는 of 다음에 오는 명사의 수를 일치시킨다.

예문(7) something, anything, nothing＋형용사

1. 찬 것 좀 주십시오.

*찬: cold

2. 그 기사와 관련하여 특별한 것이 없다.

* 특별한: particular   ……와 관련하여: in connection with

3. 그 파산자는 상상할 수 있는 모든 수단을 다 사용했다.

*파산자: bankrupt   상상할 수 있는: imaginable

4. 우리 회사는 입수할 수 있는 최신 정보를 이용했다.

*정보: information   입수할 수 있는: available

5. 미국적인 것을 좀 보여주세요.

*미국적인: American

6. 생존해 있는 가장 위대한 사람을 누구라고 생각합니까?

*생존해 있는: alive

[영작문]
1. Giving me something cold.
2. There is nothing particular in connection with the article.
3. The bankrupt used every means imaginable.
4. Our company made use of the latest information available.
5. Please show me things American.
6. Who do you think is the greatest man alive?

[NOTE]
1, 2. something, anything, nothing, everything은 형용사가 뒤에서 수식.
3. 명사에 최상급이나 all, every 등이 붙어 있는 경우에 다른 형용사는 그 명사의 뒤에 온다. 이때 뒤에 오는 형용사는 대개 '－able'이라는 접미사가 붙는다.
6. 반드시 뒤에 오는 형용사: ablaze, afraid, absent, alone, ashamed, asleep, awake, aware.

1. 그는 뱀을 무서워하지 않는다.

*무서워하여: afraid

2. 내가 집에 돌아왔을 때 나의 아내는 잠에 깊이 빠져 있었다.

*돌아오다: return   깊이 든(잠): fast

3. 너의 일은 계속적인 노력을 할 만하다.

*……의 가치가 있는: worth   계속적인: continuous

[영작문]
1. He is not afraid of a snake.
2. When I returned home, my wife was fast asleep.
3. Your work is worth the continuous effort.

예문(8) 용법에 따라 뜻이 달라지는 형용사

1. 현재의 영국 여왕은 엘리자베스 2세이다.

*현재의: present

2. 영국 여왕은 개회식에 참석했다.

*참[출]석한: present   식: ceremony

3. 나쁜 소문은 빨리 퍼진다.

*나쁜: ill   (소문 등이)퍼지다: run   빨리: apace

4. 김선생님은 중태이다.

*병든: ill   심하게: seriously

5. 어떤 숙녀가 너를 만나러 왔다.

*어떤: certain

6. 그가 시험에 합격하리라는 것은 아주 확실하다.

*확실한: certain   시험: examination

예문(9) It is+형+for~ to-부정사 혹은 that~ should~

1. 자기의 의무를 다하는 것은 당연하다.

*의무: duty

2. 자녀들은 부모에게 순종하는 것이 필요하다.

*순종하다: obey

3. 우리는 사건의 진상을 아는 것이 중요하다.

*사건: incident

Tips

incident: 중대사건으로 발전할 위험성이 있는 부수적인 사건.
accident: 뜻하지 않게 일어나는 사고.
event: 중요한 사건이나 행사.

예문(10) 관용적 표현

1. 우리는 그녀가 그것을 할까 봐 걱정이다.

*걱정하여: afraid

2. 나는 그녀가 오지 않아서 놀랐다.

*놀란: astonished

3. 그녀는 마른 빵만을 먹는 것에도 만족해했다.

*만족하여: content

4. 그는 해외에 가기로 결심했다.

* 굳게 결심한: determined

5. 나의 아들은 미국에 몹시 가고 싶어 한다.

*열망하는: keen

[영작문]

1. We are afraid of her doing it(＝We are afraid that she will do it).
2. I was astonished at her not coming(＝I was astonished that she did not come).
3. She was content with eating dry bread(＝She was content to eat～).
4. He was determined on going abroad(＝He was determined to go～).
5. My son is keen on going to America(＝My son is keen to go～).

Part 10

부사에 관한 영작문

예문(1) 형용사에서 온 부사의 형태

1. 그 소년은 양쪽 다리에 심하게 부상당했다.

*심하게: badly   부상시키다: injure

2. 그들은 그것이 훌륭한 계획이라고 선뜻 동의했다.

*선뜻: readily

3. 그 광부는 극적으로 살아났다.

*극적으로: dramatically   (위험, 죄, 병 등에서)벗어나다: escape

4. 그는 진실로 학자이다.

*진실로: truly   학자: scholar

[영작문]

1. The boy was badly injured on both legs.
2. They agreed readily that it was a good plan.
3. The minor dramatically escaped death.
4. He is truly a scholar.

[NOTE]

1. 형+ly
2. y를 i로 바꾸고 −ly를 더한다.

3. ~ic는 ~ically로
4. ~ue는 e를 없애고 -ly를 더한다.

escape: 위험이나 속박 등을 피해 달아나다.
avoid: 의식적, 적극적으로 위험, 불쾌한 일 등의 염려가 있는 것에서 멀어지다.
evade: avoid보다 더욱 적극적으로 무언가의 수단을 써서 회피하다.
elude: 절박한 장면에서 상대방의 의표를 찌르고 달아나다.

예문(2) -ly를 붙여서 뜻이 달라지는 부사

1. 바람이 심하게 불고 있었다.

*심하게: hard   (바람이)불다: blow

2. 나는 그것을 거의 믿을 수 없다.

*거의 ~할 수 없는: hardly

3 그는 어제 늦게까지 자지 않고 있었다.

*자지 않고[일어나] 있다: sit up

4. 나는 최근에 그를 보지 못했다.

*최근에: lately

5. 사태는 매우 절망적이다.

*매우: pretty   절망적인: hopeless

6. 그 소녀는 예쁘게 옷차림을 하고 있었다.

*옷을 입은: dressed

예문(3) 명사, 대명사 수식의 부사

1. 엄마만이 그 비밀을 안다.

*비밀: secret

2. 사장님만이 그것에 대해 안다.

*사장님: president

3. 나를 제외한 그 밖의 모든 사람들이 파티에 참석했다.

*그 밖의: else   제외한: but

예문(4) 빈도를 나타내는 부사

1. 한 군은 정시에 학교에 오는 일이 거의 없다.

*정시에: on time

2. 나는 때로는 버스로 때로는 지하철로 학교에 간다.

*지하철 타고: by subway

3. 나의 아버지는 언제나 나를 도와주곤 했다.

*~하곤 했다: used to

4. 그녀는 가끔 학교에 늦는다.

*~에 늦다: be late for

5. 나는 미국에 가 본 적이 한 번 있다.

*~에 가 본 적 있다: have been to

[영작문]
1. Mr. Han seldom comes to school on time.
2. Sometimes I go to school by bus and sometimes by subway.
3. My father always used to help me(= My father used always to help me).
4. She is often late for school.
5. I have been to America once.

예문 (5) 장소, 방법, 시간의 순서

1. 그들은 어제 무사히 여기에 도착했다.

*도착하다: arrive   안전하게: safely

[영작문]

They arrived here safely yesterday.

예문 (6) ago, before, since

1. 그 학자는 20년 전에 죽었다.

*학자: scholar

2. 나는 전에 그 학자를 만났다.

*만나다: meet – met – met

3. 나는 사흘 먼저 그곳에 가겠다.

*거기에 가다: be there

4. 그는 서울을 1990년에 떠났고 그 후에 나는 그를 본 적이 없다.

*떠나다: leave - left - left

[NOTE]

ago는 현재를 기점으로 하여 '지금부터 ~전'의 뜻으로 과거형과 함께 쓰인다. before는 과거의 어느 한때를 기준으로 '그때부터 ~전'의 뜻으로 과거 또는 과거완료와 함께 쓰인다. 또 단독으로 쓰여 과거나 현재완료 동사를 취하면 경험을 나타내고, 미래와 함께 쓰이면 earlier의 뜻이 된다. since는 '그 후, 이래'의 뜻으로 현재완료형 동사를 취한다.

 예문(7) already, yet

1. 그 TV프로그램은 벌써 시작되었다.

*시작되다: start

2. 벌써 저녁 식사를 다 했니?

*저녁 식사: supper

3. 우리는 아직 그녀로부터 소식을 못 들었다.

*듣다: hear - heard - heard

4. 벌써 자명종이 울렸니?

*자명종: alarm clock

예문(8) very, much

1. 그녀는 나이에 비해 매우 영리하다.

*영리한: clever

2. 너는 그것을 훨씬 더 잘할 수 있다.

*더 잘: better

3. 나는 무척 실망했다.

*실망한: disappointed

4. 나는 매우 피곤했다.

*피곤한: tired

예문(9) enough, too

1. 너는 학교 갈 나이가 되었다.

*……할 만큼의: enough

2. 나의 아저씨는 너무 늙어서 어떤 일도 할 수 없다.

*너무 ……해서 ~할 수 없다: too…… to~

예문(10) up, on, off, out

1. 이 일대의 모든 우물이 말라 버렸다.

*우물: well,   마르다: dry

2. 양국 간의 전쟁은 계속되었다.

*전쟁: war,   나라: country

3. 화병 속의 꽃들이 말라 죽었다.

*화병: vase

4. 내 구두창은 닳아 떨어졌다.

*구두창: sole   닳아 떨어지다: wear – wore – worn

5. 그는 감자를 두 개 먹어 치웠다.

*먹다: eat – ate – eaten

[영작문]

1. All the wells in this area have dried up.
2. The war between the two countries went on.
3. The flowers in the vase died off.
4. The soles of my shoes have worn down.
5. He ate up two potatoes.

[NOTE]

1. up은 '종결·완성'의 뜻
2. on은 '전진·계속'
3. off는 '끊어짐, 떠남, 끝남'
4. out은 '(결과로) 없어짐, 갑작스런 동작'
5. ate up은 '동사＋부사' 형태의 두 단어로 된 동사이다. 이때 목적어가 명사이면 동사와 부사 사이나 부사 다음에 올 수 있지만, 목적어가 대명사이면 반드시 '동사＋대명사＋부사'의 순서가 된다. 따라서 고구마라는 명사 대신에 그것들이라는 대명사를 쓰면 He ate them up이 된다.

 **예문(11)** 의문부사

1. 몸무게가 얼마나 나가나?

*무게가 나가다: weigh

2. 너는 도대체 어떻게 너의 부모를 설득시켰나?

*설득시키다: persuade

3. 나는 어딘지 모르겠다.

4. 그녀는 어디를 갈지라도 환영받을 것이다.

*환영받는: welcome

[영작문]
1. How many kilograms do you weigh?
2. How in the world did you persuade your parents?
3. I don't know where.
4. No matter where she may go, she will be welcomed.

[NOTE]
1. how는 형용사·부사와 함께 여러 가지 정도를 나타낸다(how high, how long, how many).
2. 의문부사는 ever, the dickens, the devil, the hell, on earth, in the world 등으로 강조되며 '도대체'로 번역된다.
5. 의문부사가 'no matter+의문사절(양보절)'을 이끈다.

예문(12) 부사 강조

1. 비가 내렸다.

*내리다: come down

2. 이들 중에는 많은 어린이들이 있다.

*……의 가운데서: among

3. 고양이가 침대 밑에서 자고 있다.

*……아래에: under

4. 이 학생들 사이에 우리 언니가 있다.

*……의 사이에: among

5. 나무 앞에 호랑이가 누워 있었다.

*눕다: lie

[영작문]

1. Down came the rain.
2. Among these are a large number of children.
3. Under the bed is sleeping a cat.
4. Among these students is my sister.
5. Under a tree was lying a tiger.

[NOTE]

부사(구)를 강조하기 위해 문장의 맨 앞에 두었다. 이렇게 부사(구)가 문장의 맨 앞에 놓이게 되면 문장의 구조는 '부사[구]＋동사＋주어'가 된다. 이것을 도치구문이라고 한다.

Part 11

비교에 관한 영작문

예문(1) 형용사의 비교

1. 백설 공주는 가장 예쁘다.

*예쁜: pretty

2. 너는 너희 반에서 가장 크지, 그렇지 않니?

*반: class

☺부가 의문문에서 앞에 쓰인 문장이 긍정문이고, 주어가 you이며 동사가 are이므로 aren't you가 된다.

3. 친구들 사이에서 가장 인기 있는 컴퓨터 게임은 무엇이니?

*인기 있는: popular

4. 말이 캥거루보다 더 빠르다.

*빠른: fast

5. 중국어는 세상에서 가장 흔히 쓰이는 언어이다.

*흔한: common

6. 한라산은 한국에서 두 번째로 높은 산이다.

*높은: high

☺'the＋형용사의 최상급' 구문에서 형용사 앞에 next나 second 같은 서

수를 쓰면 '다음으로 가장 ……한'이라는 의미가 된다.

7. 돌고래는 가장 영리한 동물이다.

*돌고래: dolphin

8. 나일 강이 세계에서 가장 긴 강이다.

*긴: long

☺강, 바다, 산맥 이름 앞에는 정관사 the를 항상 쓴다.

9. 캐나다는 러시아보다 훨씬 크다.

*훨씬: much

10. 중국어가 영어보다 훨씬 흔하다.

*흔한: common

[영작문]

1. Snow white is the prettiest.
2. You are the tallest in your class, aren't you?
3. What is the most popular computer game among your friends?
4. The horse is faster than the kangaroo.
5. Chinese is the most common language in the world.
6. Hallason is the second highest mountain in Korea.
7. Dolphin is the cleverest animal.
8. The Nile is the longest river in the world.
9. Canada is much larger than Russia.
10. Chinese is much more common than English.

[NOTE]

a) 형용사와 부사의 비교급과 최상급 만드는 방법
  ◦ 규칙변화
    - 원급에 -er를, 최상급에 -est를 붙인다.
    smart(영리한) - smarter - smartest, tall(키가 큰) - taller - tallest

- '자음＋y'로 끝나면 y를 i로 고치고 －er, －est를 붙인다.
pretty(예쁜)－prettier－prettiest happy(행복한)－happier－happiest
－'단모음＋단자음'으로 끝나면 끝자음을 한 번 더 쓰고 －er, －est
를 붙인다.
big(큰)－bigger－biggest hot(더운)－hotter－hottest
－e로 끝나는 형용사나 부사는 －r, －st만 붙인다.
wise(현명한)－wiser－wisest nice(좋은)－nicer－nicest
－3음절 이상이거나 －ful, －ly, －ous로 끝나면 more, most를 붙인다.
difficult(어려운)－more difficult－most difficult
beautiful(아름다움)－more beautiful－most beautiful
famous(유명한)－more famous－most famous

◦ 불규칙 변화
good[well]－better－best many[much]－more－most
bad [ill]－worse－worst, little－less－least
◦ 단어의 쓰임에 따라 달라지는 경우
old－older－oldest〈나이〉　　　late－later－latest〈시간〉
old－elder－eldest〈형제〉　　　late－latter－last〈순서〉

b) 형용사의 최상급 앞에는 항상 the를 동반한다. 최상급 다음에는 in이나
of 등이 오는 것이 보통이다. in 다음에는 class와 같이 단체 이름이,
of 다음에는 them, the girls 등 사람들의 모임을 나타내는 명사나 대
명사가 오는 것이 보통이다.
She is the tallest girl in her class(그녀는 반에서 가장 키가 크다).
She is the tallest of her friends(그녀는 친구들 중에서 가장 크다).
c) 비교급 앞에 비교급 강조부사 much, far, even, still, a lot 등이 오면
'훨씬 더 ～하다'의 뜻이다. very는 원급만 강조한다.

as＋원급＋as, not so[as]＋원급＋as, 배수＋as＋원
급＋as

1. 오늘은 어제만큼이나 쌀쌀하다.
*쌀쌀한: chilly

2. 그는 아내만큼 적극적이지 않다.

*적극적인: aggressive

3. 이 나무의 크기는 저 나무의 반이다.

*반: half

4. 나는 진호만큼 마음이 따뜻하다.

*마음이 따뜻한: warm－hearted

[영작문]

1. It is just as chilly as it was yesterday.
2. He is not so[as]aggressive as his wife.
3. This tree is half as tall as that one.
4. I am as warm－hearted as Jinho.

[NOTE]

1. 동등비교　　　2. 열등비교　　　3. 배수비교

예문(3) 어미가 －or로 끝나는 형용사의 비교급

1. 너의 넥타이가 그의 것보다 훨씬 우수하다.

*보다 위의: superior

2. 우리는 출발하기에 앞서 너를 방문할 것이다.

*(시간, 순서)가 앞의: prior

3. 그는 자신이 다른 사람보다 우월하다고 생각한다.

*다른 사람들: others(other people)

예문(4) as

1. 너는 가능한 한 일찍 일어나는 것이 좋다.

*일어나다: get up

2. 그는 나를 쳐다보지조차 못 했다.

*쳐다보다: look at

3. 그는 학자라기보다는 작가이다.

*학자: scholar   작가: writer

4. 그는 매우 가난했다.

*가난한: poor

5. 그는 죽은 거나 다름없다.

*죽은: dead

6. 그는 약속을 잘 지킨다.

*약속: word

7. 네가 필요로 하는 한 그 책을 가져도 좋다.

*(주지 않고) 두다: keep

8. 나로서는 우리가 오후에 떠나도 좋다.

*떠나다: leave

9. 너뿐만 아니라 그녀도 그 광경에 놀랐다.

*놀란: surprised

10. 돈을 그런 식으로 쓰느니 차라리 내버리는 편이 낫겠다.

*던지다: throw

[영작문]

1. You had better get up as early as possible.
2. He could not so much as look at me.
3. He is not so much a scholar as a writer.
4. He is as poor as a church mouse.
5. He is as good as dead.
6. He is as good as his word.
7. You can keep the book as long as you need it.
8. As far as I am concerned, we can leave this afternoon.
9. She as well as you was surprised at the sight.
10. You might as well throw money away as spend it in that way.

[NOTE]

1. 'as ~as possible, as~as 주어+can' '가능한 한~한'
2. 'not so much as' '~조차도 않는다'
3. 'not so much A as B' 'A라기보다는 오히려 B'
4. 직유의 관용구 'as…… as……' '……처럼(매우, 가장)……'
   예) as blind as a bat '장님이나 다름없는'
       as like as two peas '아주 꼭 닮은'
       as wise as Solomon '매우 현명한'
       as busy as a bee '몹시 바쁜'
       as cool as a cucumber '아주 냉정하여'
5. as good as ~한 것이나 마찬가지
6. 약속을 지키다

1. 준이 그 두 학생 중에서 더 공손히게 행동한디.

*행동하다: behave   공손하게: politely

2. 나는 그가 결점이 있기 때문에 더욱더 좋아한다.

*결점: fault

3. 이르면 이를수록 좋다.

*곧: soon

4. 그는 총명하기보다는 근면하다.

*총명한: intelligent   근면한: diligent

5. 야구 경기가 점점 더 손에 땀을 쥐게 하였다.

*손에 땀을 쥐게 하는[흥분시키는]: exciting

6. 내가 음악보다 더 좋아하는 것은 없다.

*아무것도 없다: nothing

7. 이것은 내게 가장 어려운 문제 중 하나다.

*어려운: hard

[영작문]

1. Jun behaves the more politely of the two students.
2. I like him all the better for his faults.
3. The sooner, the better.
4. He is more diligent than intelligent.
5. The baseball game became more and more exciting.
6. There is nothing I like more than music.
7. This is one of the hardest problems for me.

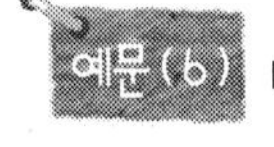

 no more than, no less than, not more than, not less than

1. 그는 불과 10살밖에 되지 않았다.

2. 선생님은 기껏해야 500권의 책을 가지고 있다.

3. 그 사고로 20명이나 죽었다.

*사고: accident

4. 죽었을 때 박 씨는 적어도 10억은 남겼다.

*남기고 죽다: leave behind

[영작문]
1. He is no more than 10 years old.
2. The teacher has not more than five hundred books.

3. No less than twenty people were killed in the accident.
4. At his death, Mr Park left behind not less than 1 billion won.

[NOTE]
1. no more than(=only)(겨우)
2. not more than(=at most)(기껏해야)
3. no less than(=as much[many]as)(~만큼이나)
4. not less than(=at least)(적어도)

예문(7) 관용적 비교 표현

1. 우리는 다른 사람들의 생명은 말할 것도 없고 그들의 권리도 존중
해야 한다.

*존중하다: respect   권리: right

2. 너는 이것을 생각하지 말아야 하며 더군다나 말하지도 말아야 한다.

*생각하다: think

3. 그것은 어려울지도 모르나 그런데도 불구하고 해야 한다.

*어려운: difficult

4. 대부분의 사람은 다소 이기적이다.

*이기적인: selfish

5. 그는 결코 거짓말을 할 사람이 아니다.

*거짓말하다: tell a lie

6. 최악의 경우에도 나는 여기에 머무르겠다.

*가장 나쁜: worst

[영작문]

1. We should respect the right of others, much more their lives.
2. You must not think of this, still less say it.
3. It may be difficult, but none the less it must be done.
4. Most people are more or less selfish.
5. He is the last man to tell a lie.
6. At the worst, I will stay here.

[NOTE]

1. much more은 긍정문에 '~은 말할 것도 없이'
2. much less 부정문에 사용되며 '하물며 ~이랴'이다.
3. none the less '그럼에도 불구하고'
4. more or less '다소, 어느 정도'
5. the last '가장 ~할 것 같지 않은'
6. 관용구로서 '아무리 나빠도'

명사에 관한 영작문

명사는 생물이나 무생물의 이름을 나타내는 말이다. '……는, ……가, ……이, ……하는 것은'을 나타내는 부분에 명사, 대명사, 동명사, 부정사 등을 사용하여 우리말의 주어와 같게 배치한다.

예문(1) 보통명사

1. 그 빌딩은 지금 건설 중이다.
*건설 중인: under construction

2. 문필의 힘이 무력의 힘보다 크다.
*강력한: mighty

3. 그는 천사와 같은 아내와 살고 있다.
*천사: angel

[영작문]
1. The building is now under construction.
2. The pen is mightier than the sword.
3. He lives with an angel of a wife.

예문 (2) 집합명사

1. 청중은 많았다.

*청중: audience

2. 청중은 모두 깊은 감동을 받았다.

*감동하여: impressed

3. 경찰은 살인범을 추적하고 있다.

4. 한 떼의 구경꾼이 그 사고 주위로 몰려들었다.

*구경꾼: spectator   모이다: gather

2번처럼 구성원 한 명 한 명이 중요한 의미를 지니고 있으면 이것은 '군집 명사'라고 한다. 이 경우에는 꼴은 비록 단수형일지라도 복수 취급을 하게 되어 be동사의 복수형이 온다.
3. 'the+집합명사'는 복수 취급하며 부정관사를 붙이지 못하고 복수형도 없다.
'the police' '경찰', 'the nobility' '귀족', 'the peasantry' '소작농', 'the gentry' '신사사회', 'the clergy' '성직자', 'the jury' '배심원'
4. 'a crowd of people' '한 무리의 사람들', 'a herd of cattle' '가축의 무리', 'a flock of sheep' '염소, 양, 새 떼', 'a number of books' '많은 책', 'a party of travellers' '한 무리의 여행자', 'a couple of days' '이 삼일', 'a school of fish' '물고기 떼'

예문(3) 물질명사

1. 커피 한 잔 주세요.
*가져오다: bring

2. 태양은 우리에게 빛을 준다(물질명사).
*빛: light

3. 우리는 멀리서 불빛을 보았다(보통명사).
*멀리서: in the distance

[영작문]
1. Bring me a cup of coffee.
2. The sun gives us light.
3. We saw a light in the distance.

[NOTE]
1. 물질명사의 수량은 다음과 같이 표시한다.

‘a spoonful of salt’ ‘소금 한 숟가락’, ‘a bottle of wine’ ‘포도주 한
병’, ‘an armful of wood’ ‘한 아름의 나무’, ‘two handfuls of
sand’ ‘모래 두 줌’, ‘a cake of soap’ ‘비누 한 장’, ‘two loaves
of bread’ ‘빵 두 덩어리’
3. 물질명사로 어떤 물질의 종류나 제품, 그리고 구체적으로 셀 수 있는
것을 나타낼 때에는 보통명사로 취급된다.
‘copper’ ‘동, 구리’ ‘a copper’ ‘동전’ ‘paper’ ‘종이’ ‘a paper,
papers’ ‘신문, 서류’ ‘wine’ ‘포도주’ ‘a red wine’ ‘적포도주’ ‘iron’
‘철’ ‘an iron’ ‘다리미’

예문(ㄴ) 고유명사

1. 서울은 한국의 수도이다.

*수도: capital

2. 그는 에디슨과 같은 발명가이다.

3. 우리 학급에는 김씨가 3명 있다.

*학급: class

4. 어떤 김씨라는 사람이 당신을 만나러 왔다.

*만나다: see

[영작문]

1. Seoul is the capital of Korea.
2. He is an Edison.
3. There are three Kims in our class.
4. A Mr. Kim came to see you.

예문 (5) 추상명사

1. 미는 단지 거죽 한 꺼풀이다.

*피부: skin

2. 그 여자는 미인이 아니다.

*미인: a beauty

3. 인생은 고통으로 가득 차 있다.

*고통[고생]: trouble   ~으로 가득 차다: be full of~

4. 너는 링컨의 전기를 읽어 보았니?

*전기: life

[영작문]
1. Beauty is only skin-deep.
2. She is not a beauty.
3. Life is full of troubles.
4. Have you ever read a life of Lincoln?

 of + 추상명사 = 형용사, with, by, on, in + 추상명사 =
부사

1. 그 문제는 매우 중요하다.

*중요: importance

2. 그 책은 유용하지 않다.

*유용: use

3. 그녀는 참을성 있게 내 말을 들었다.

*인내: patience

4. 나는 그 책을 쉽게 읽을 수 있다.

*쉬움: ease

[영작문]

1. The matter is of great importance = The matter is very important.
2. The book is of no use = The book is useless.
3. She listened to me with patience.
4. I can read the book with ease(easily).

[NOTE]

1, 2. of + 추상명사 = 형용사이다.
3, 4. with, by, on, in + 추상명사는 부사이다.

예문(7) 소유격

1. 나는 옛 친구를 만났다.

*나의 것: mine

2. 나의 아버지의 이 사진기는 매우 비싸다.

*비싼: expensive

3. 내 딸의 친구는 누구든지 환영한다.

*환영하는: welcome

4. 이것은 그의 또 다른 작품이다.

*작품: work

[영작문]
1. I met an old friend of mine.
2. This camera of my father's is very expensive.
3. Any friend of my daughter's is welcome.
4. This is another work of his.

[NOTE]
a, this, another 등의 단어와 my, your와 같은 소유격은 모두 명사 앞에서 그 의미를 한정해 주는 말로 나란히 함께 쓰지 못한다. 그러므로 'a my friend'라는 표현은 잘못된 말로, 소유 형용사를 소유 대명사로 바꾸어 'a friend of mine'으로 표현해야 한다.

예문 (8) 무생물의 소유격

1. 저 교실 문을 보아라.

*교실: classroom

2. 우리는 서로 엎어지면 코 닿을 곳에 산다.

*아주 가까운 거리 안에: within a stone's throw

3. 그것은 단지 10마일 거리이다.

*거리: distance

4. 우리는 저녁 식사 후에 30분간의 이야기를 나누었다.

*이야기: talk

대명사에 대한 영작문

 **예문(1)** 지시대명사

1. 서울의 시간은 L.A.의 시간과 왜 다르니?

*다른: different

2. 서울의 집들은 다른 도시의 집들보다 더 비싸다.

*비싼: expensive

3. 나는 아무 말도 하지 않았다. 그것이 어머니를 화나게 만들었다.

*화난: angry

4. 하늘은 스스로 돕는 자를 돕는다.

*하늘: heaven

[영작문]
1. Why is the time in Seoul different from that in L.A.?
2. The houses in Seoul are more expensive than those in other cities.
3. I didn't say anything. That made mother angry.
4. Heaven helps those who help themselves.

[NOTE]
1. that은 명사의 반복을 피하기 위한 대명사로 the time을 대신한다.
2. houses가 복수이므로 대명사 those를 쓴다.

3. that이 앞에 나온 문장 전체를 받는다.
4. 'those who~' '~하는 사람들', those = people

예문(2) 간접의문문과 의문대명사

1. 몇 시인지 너 아니?

*몇 시: what time

2. 나는 내일 날씨가 어떻게 될지 알고 싶어.

*날씨: weather

3. 나는 누가 창문을 깼는지 안다.

*깨다: break – broke – broken

4. 너는 내가 몇 살이라고 생각하니?

*생각하다: think

5. 나는 학교가 언제 시작하는지 모른다.

*언제: when

[영작문]

1. Do you know what time it is?
2. I want to know how the weather will be tomorrow.
3. I know who broke the window.
4. How old do you think I am?
5. I don't know when the school starts.

[NOTE]

1. 'Do you know?'와 'What time is it?' 두 문장이 합쳐진 표현이다.
   이와 같이 의문문이 동사의 목적어로 연결되어 쓰일 때 '의문사＋주어

예문(3) 비인칭 it

1. 겨울이었다.

*겨울: winter

2. 눈이 내리고 있었다.

*눈이 오다: snow

3. 10시경이었다.

*대략: about

4. 여기서 2마일 떨어져 있다.

[영작문]

1. It was winter.
2. It was snowing.
3. It's about ten o'clock.
4. It is two miles from here.

[NOTE]

비인칭 주어 it은 날씨, 시간(일시), 명암, 거리, 막연한 사정, 상황 등을 나
타내며 따로 해석하지 않아도 좋다.

1. 일등을 한 것은 마이크였다.

*일등을 하다: win the first prize

2. 그가 어젯밤에 숙녀를 만났던 곳은 공원이었다.

*어젯밤: last night

3. 그들이 만나고 싶어 하는 사람은 우리 엄마이다.

[영작문]

1. It was Mike that won the first prize.
2. It was in the park that he met the lady last night.
3. It is my mother that they want to meet.

관계대명사에 관한 영작문

관계대명사는 글과 글을 잇는 접속사의 구실과 대명사의 구실을 하는 대명사이다. 관계대명사에는 who, which, that, what 등이 있다. 관계대명사 앞에 오는 말을 선행사라고 하는데, 관계대명사절은 이 선행사를 수식하는 형용사절이 된다. 관계대명사 다음에 오는 동사는 선행사의 인칭과 수에 일치한다.

01 관계대명사 who의 용법

관계대명사 who는 who – whose – whom으로 소유격, 목적격의 변화를 하며 선행사가 사람일 때 사용되고 제한적·비제한적 용법으로 사용된다.

1. 나는 남의 흉을 보는 사람을 좋아하지 않는다.

*흉보다: speak ill of

2. 부모가 다 죽은 아이를 고아하고 부른다.

*고아: orphan

3. 이 사람은 내가 가장 좋아하는 사람이다.

*가장: best

02 관계대명사 Which의 용법

관계대명사 which는 동물과 사물을 선행사로 할 뿐만 아니라 앞의 구·절·문장 등을 선행사로 받는다. 주격과 목적격이 같으며 소유격은 of which, whose이다. 제한 용법과 비제한 용법 두 가지 다 있다.

1. 10달러를 주고 산 만년필이 지독히 샌다.

*만년필: fountain pen   새다: leak   심하게: badly

2. 지붕이 붉은 그 집이 내 아저씨의 집이다.

*지붕: roof

3. 이것은 지난달에 내가 산 카메라이다.

*지난: last

4. 그녀가 아무 말도 않고 있었다. 그것이 그를 화나게 만들었다(그녀 가 말하지 않아서 그는 화가 났다).

*……인 채로 있다: remain   말 없는: silent

5. 그는 부자이지만 나는 불행히도 그렇지 않다.

*불행하게도: unfortunately

6. 나는 커튼을 열어젖히는 것을 잊어버렸다. 내가 늘 그러던 일이었다.

*잊다: forget - forgot - forgotten　　　　　　당기다: draw

[영작문]
1. The fountain pen which cost me ten dollars leaks badly.
2. The house whose roof is red is my uncle's.
3. This is the camera which I bought last month.
4. She remained silent, which made him angry.
5. He is rich, which I unfortunately am not.
6. I had forgotten to draw the curtain, which I usually did.

[NOTE]
4. which의 선행사는 앞 문장 전체(I remained silent)이다.
5. which의 선행사는 형용사인 rich이고, 관계대명사 which의 앞에
　　comma가 찍힌 계속적 용법이다.
6. which의 선행사는 to draw the curtain이다.

(03) 관계대명사 that의 용법

　that은 제한 용법으로만 사용되는 관계대명사이다. 사람도 사물도 선행사로 받을 때가 있지만 구어체에서는 선행사가 사람이면 who, 사물인 경우에 한하여 that을 사용하는 경우가 있다. 특히 people이나 those가 선생사일 경우는 who만을 쓴다. 주로 that만을 쓰는 경우는 다음과 같다.

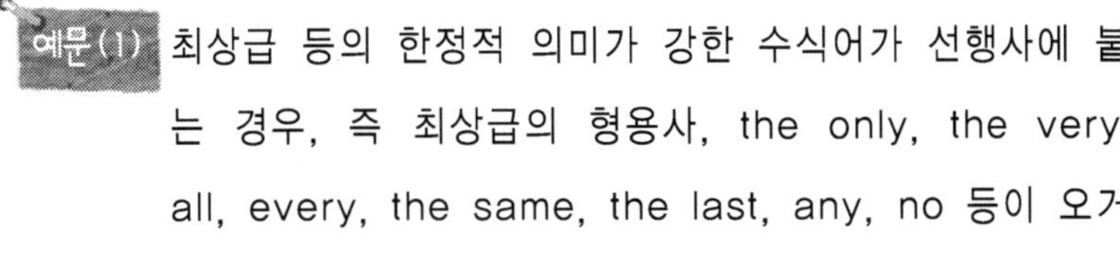

예문(1) 최상급 등의 한정적 의미가 강한 수식어가 선행사에 붙는 경우, 즉 최상급의 형용사, the only, the very, all, every, the same, the last, any, no 등이 오거나 수식할 때

1. 이것은 내가 이제까지 본 영화 중에서 가장 좋은 영화다.

*가장 잘: best

2. 인간은 언어를 사용하는 유일한 동물이다.

*동물: animal　　　　　　　사용하다: use

3. 이것은 어제 내가 잃어버린 바로 그 책이다.

*잃어버리다: lose－lost－lost

4. 이것은 내가 가진 모든 돈이다(내가 가진 돈은 이것뿐이다).

*돈: money

5. 그를 알고 있는 그 누가 그의 말을 믿겠는가?

*믿다: trust

6. 성공하기를 바라는 소년은 누구든 열심히 공부해야 한다.

*성공하다: succeed

7. 그녀는 자기가 받는 편지마다 답장을 쓴다.

*답하다: answer　　　　　　받다: receive

8. 반짝이는 것이 모두 다 금은 아니다.

*반짝이다: glitter

1. This is the best movie that I have ever seen.
2. Man is the only animal that uses language.
3. This is the same book that I lost yesterday.
4. This is all the money that I have.
5. Who that knows him would trust his words?
6. Any boy that wants to succeed must study hard.
7. She answers every letter that she receives.
8. All is not gold that glitters.

[NOTE]

3. 동일 물건은 'the same~that……', 같은 종류를 나타낼 때는 'the same~as……'

 예문(2) 사람과 사물이 함께 선행사로 올 경우

1. 저쪽에서 달리고 있는 소년과 그의 개를 보아라.

*달리다: run

2. 강에 추락한 운전사와 차는 아직 발견되지 않았다.

*떨어지다: fall   발견하다: find – found – found

[영작문]

1. Look at the boy and his dog that are running over there.
2. The driver and the car that fell into the river have not been found.

what은 the thing which, that which, all that의 의미로 선행사를 포함하고 있는 것이 특징. who, which, that이 형용사절을 이끄는 것과는 달리 what은 명사절 혹은 부사절을 이끈다.

예문(1) 명사절을 이끄는 경우

1. 우리는 그가 말한 내용을 이해할 수 없다.
*이해하다: understand

2. 이것은 내가 가지고 싶었던 것이다.

3. 이미 한 일은 돌이킬 수 없다.
*끝난[마친]: done

4. 나를 가장 놀라게 한 것은 그녀의 차가운 태도이다.
*놀라게 하다: surprise   태도: attitude

5. 그는 옛날의 그가 아니다.
*그 사람의 상태, 인격: what one is

6. 오늘의 저는 선생님 덕택입니다.

[영작문]
1. We can not understand what he said.
2. This is what I wanted to have.
3. What is done cannot be done.

4. What surprised me was her cold attitude.

5. He is not what he was.

6. You have made me what I am today.

[NOTE]

5. be의 보어로 써서 옛날에 비해서 현재는 '타락했다, 쇠퇴했다' 등 보통 나쁜 의미로 씀.

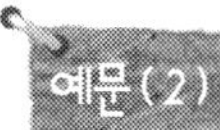 예문(2) 부사절을 이끄는 경우

1. 그는 친절하다. 더욱 좋은 것은 아주 잘 생겼다.

*더욱 좋은 것은: what is better

2. 한편으로는 가르치고 또 한편으로는 저술하느라 나의 시간이 꽉 차 있다.

*(시간 장소 등을)차지하다: take up

[영작문]

1. He is kind, and what is better, very handsome.
2. What with teaching, and (what with) writing, my time is fully taken up.

[NOTE]

'what with A and what with B'는 'A도 하고 B도 하느라고'이며, 두 번째는 생략할 수 있다.

예문(1) such, as, the same과 상관적으로 사용된다.

1. 너에게 도움이 될 그런 책들을 읽어라.

*……에게 이롭다: benefit

2. 온 사람은 모두 다 붙잡혔다.

*잡다: catch – caught – caught

[영작문]

1. Read such books as will benefit you.
2. As many men as came were caught.
   = All the men that came were caught.

[NOTE]

as many~ + = all the~ + that

예문(2) 앞의 절 또는 그 일부를 선행사로 한다.

1. 그는 종종 그러하듯이 오늘도 결석이다.

*종종 그렇듯이: as is often the case

2. 나는 그의 숙제를 도와주었는데 그것은 나의 의무였기 때문이다.

*의무: duty

06 관계대명사 but의 용법

선행사가 부정(不定)을 나타내는 말이거나 의문대명사가 선행사일 때(부정문, 도는 수사의문문) but이 that ~not의 의미를 나타내는 관계대명사 역할을 한다.

1. 자녀를 사랑하지 않는 어머니는 없다.
*자식: children

2. 잘못은 저지르지 않는 사람이 누가 있겠는가?(잘못을 저지르지 않는 사람은 없다)
*잘못을 저지르다: commit errors

than은 접속사이지만 다음과 같이 주격·목적격의 역할을 할 때는 관계대명사이다.

1. 그는 자기가 버는 돈보다 더 많은 돈을 쓴다.

*벌다: earn

2. 작가는 자기의 사상을 표현하기 위하여 필요 이상의 어휘를 사용하지 않는다.

*표현하다: express 　　　　　사상: thought

[영작문]

1. He spends more money than he earns.
2. The writer uses no more words than are needed to express his thought.

Part
15

관계부사에 관한 영작문

관계부사는 '접속사＋부사'의 역할을 한다. 의문부사 when, where, why, how 등이 그대로 관계부사로 사용되며 이들은 선행사를 꾸미는 형용사절을 이끌고 when과 where는 제한적·비제한적 두 용법이 있다. why와 how는 제한 용법뿐이다. 때를 가리키는 선행사가 오면 when, 장소를 나타내는 명사가 선행사면 where, 이유는 why, 방법은 how가 쓰인다. 그러나 **관계부사**는 '**전치사＋which**'로 바꾸어 놓을 수 있는 것이 특징이다.

예문(1) 형용사절을 이끄는 경우

1. 보물이 묻혀 있는 곳은 그리 멀지 않다.

*보물: treasure   묻다: bury

2. 학교가 시작되는 달은 3월이다.

*시작하다: begin

3. 네가 돌아올 정확한 시간을 알려줘.

*정확한: exact

4. 그가 시험에 실패한 이유는 태만 때문이었다.

*이유: reason   태만: laziness

5. 이 같은 방법으로 우리는 한국어를 배운다.

*한국어: Korean   배우다: learn

6. 나는 그가 나에게 말하는 태도를 좋아하지 않는다.

*말하다: speak

7. 내가 지난번 그를 보았을 때 그는 행복해 보였다.

*지난번: last time

[영작문]

1. The place where[at which] the treasure is buried is not very far.
2. The month when [in which] school begins is March.
3. Let me know the exact time when [at which] you will be back.
4. The reason why [for which]he failed in the examination was his laziness.
5. This is how [the way in which] we learn Korean.
6. I don't like the way he speaks to me.
7. The last time (that) I saw him, he looked happy.

[NOTE]

4. why의 선행사는 보통 the reason(이유)인데, This is why he went to Washington의 경우와 같이 the reason이 생략되는 때가 많지만, the reason을 남기고 why를 생략할 때도 종종 있다.
5. 다른 관계부사와는 달리 how의 경우는 'the way how……'처럼 '선행사＋관계부사'로 함께 나란히 쓰이지 않는다. 따라서 the way만 쓰든지 아니면 선행사 없이 how만 써야 한다.
7. that은 when 대신에 the time, the year, the day 뒤에 쓰이는 관계부사

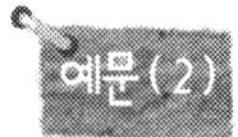 명사절을 이끄는 경우

1. 이곳은 내가 그녀를 처음 만난 곳이다.

*처음으로: for the first time

2. 지금이 바로 그들이 나를 가장 필요로 하는 때이다.

*가장: most

3. 그것이 바로 그가 회사를 떠난 이유다.

*회사: company

4. 그것이 그가 하던 수법이었다.

*……하곤 했다: used to

[영작문]

1. This is where [the place where] I met her for the first time.
2. Now is when [the time when] they need me most.
3. That was why [the reason why] he left the company.
4. That was how [the way in which] he used to do.

[NOTE]
how의 경우만 제외하고는 예문(1)의 선행사가 생략된 것을 생각하면 된다.

 부사절을 이끄는 경우: where

1. 그것을 있던 곳에 도로 갖다 두어라.

*제자리로 되돌리다: put back

2. 뜻이 있는 곳에 길이 있다.

*뜻[의지]: will   길: way

예문(4) 관계부사의 계속적 용법

1. 그는 나를 공원으로 데려갔다. 거기서 우리는 즐거운 시간을 보냈다.

*데려가다: take   박물관: museum   즐겁게 지내다: enjoy oneself

2. 그는 책을 읽기 시작했다. 그때 벨이 울렸다.

*울리다: ring

[영작문]

1. He took me to the museum, where [and there] we enjoyed ourselves.
2. He began to read a book, when [and then] the bell rang.

[NOTE]

where, when은 '접속사(and, but, for, though)＋부사'의 역할로서 관계 대명사의 계속적 용법과 비슷한 기능을 한다. 물론 그 앞에는 comma 가 온다.

예문(5) 복합관계부사: wherever, whenever, however

1. 그는 어디를 가도 길을 잃는다.

*길을 잃다: get lost

2. 좋으실 때 언제든지 오셔도 좋습니다.

*……해도 좋다: may

3. 네가 아무리 열심히 해도 너는 그 시험에 통과할 수 없다.

*통과하다: pass

[영작문]

1. He gets lost wherever he goes.
2. You may come whenever you like.
3. However hard you may try, you cannot pass the exam.

일치와 화법에 관한 영작문

예문(1) 주어와 동사의 일치

1. 버터 바른 빵이 내가 좋아하는 아침 식사이다.

*좋아하는: favorite　　　　버터 바른 빵: bread and butter

2. 10년은 기다리기에 긴 세월이다.

*기다리다: wait

3. 교수이자 시인인 그가 세미나에 참석했다.

*참석한: present

4. 공부만 하고 놀지 않으면 아이가 바보가 된다.

*둔한: dull

[영작문]

1. Bread and butter is my favorite breakfast.
2. Ten years is a long time to wait.
3. The professor and poet was present at the seminar.
4. All work and no play makes Jack a dull boy.

[NOTE]

1. 버터 바른 빵[단수 취급]
2. ten years를 하나의 단위로 생각해서 단수 취급

 **A or B, either A or B, neither A nor B, not only A But also B**

1. 송 군이나 그의 형제들이 너를 도와줄 것이다.

*돕다: help

2. 그녀나 네가 책임이 있다.

*……의 탓으로 돌리다: blame

3. 나의 장갑도 모자도 이 옷과 어울리지 않는다.

*……와 어울리다: go with

4. 운전사뿐만 아니라 다섯 명의 승객이 그 사고로 사망했다.

*승객: passenger   사고: accident

5. 너뿐만 아니라 그도 안전하다.

*안전한: safe

[영작문]

1. Mr. Song or his brothers are going to help you.
2. Either she or you are to blame.
3. Neither my gloves nor my hat goes with this suit.
4. Not only the driver but also five passengers were killed in the accident.
5. He as well as you is safe.

예문(3) 부정대명사는 단수로 취급

1. 모든 소년 소녀들이 매일 정시에 도착한다.

*도착하다: arrive   정시에: on time

2. 모든 사람들이 그녀를 만나고 싶어 한다.

*만나다: meet

3. 무엇인가가 탁자 밑에 있었다.

*…… 아래에: under

4. 아무도 그녀보다 더 열심히 일하지 않는다.

*열심히: hard

5. 너희들 중 어느 하나가 지금 나가면 나는 이 일을 마칠 수가 없다.

*어느 한쪽: either

[영작문]

1. Every boy and girl arrives on time every day.
2. Everybody wants to meet her.
3. Something was under the table.
4. Nobody works harder than she.
5. If either of you goes out now, I will not be able to finish the
   work.

예문(4) No, None, Enough, All

1. 어떤 예문도 이 경우에는 관계가 없다.

*관련된: relevant

2. 아무도 학교에서 돌아오지 않았다.

*돌아오다: return

3. 아무도 정각에 오지 않았다. 왜냐하면 그들은 버스를 놓쳤기 때문이다.

*놓치다: miss

4. 그 문제에 관해서는 충분히 얘기되었다.

*문제[주제]: subject

5. 회의를 시작할 정도로 충분히 왔다.

*시작하다: start

6. 그 건물 안의 모든 사람들이 놀랐다.

*깜짝 놀란: alarmed

7. 반짝인다고 모두가 금은 아니다.

*반짝이다: glitter

1. No example is relevant to this case.
2. None has returned from the school.
3. None were on time, for they all miss the bus.
4. Enough has been said on the subject.
5. Enough are here to start the meeting.
6. All in the building were alarmed.
7. All that glitters is not gold.

[NOTE]

no는 그 뒤에 오는 명사에 따라서 단수동사를 취할 수도 있고 복수동사를 취할 수도 있으며, none과 enough는 뜻에 따라 단수 혹은 복수로 취급한다. all은 셀 수 있는 명사를 나타낼 때 복수로 취급하며, 추상명사나 물질명사를 나타낼 때에는 단수로 취급한다.

 there, here

1. 그 문제를 해결할 수 있는 방법은 오직 한 가지만 있는 듯하다.

*해결하다: solve

2. 할 일이 거의 남아 있지 않다.

*남다: remain

3. 강의실 주변에 책들이 흩어져 있었다.

*흩어지다: scatter

[영작문]

1. There seems to be only one way to solve the problem.
2. There remains little to be done.
3. There were books scattered around the classroom.

 most of, a number of, the number of, more
than

1. 그의 시간의 대부분이 자동차 운전에 쓰인다.
*소비하다: spend - spent - spent

2. 나의 급우들의 대부분은 여자아이들이다.
*급우: classmate

3. 많은 지원자들이 이미 면접을 받았다.
*지원자: applicant

4. 일주일의 날수는 7일이다.
*날: day

5. 천 명 이상의 학생들이 그 시위에 가담했다.
*가담하다: participate(in)   시위: demonstration

6. 한 학생 이상이 그 제안에 이의를 제기했다.
*반대하다: object

7. 그 학생들 중 한 학생 이상이 김 군이 결백하다는 것을 발견했다.
*결백한: innocent

[영작문]

1. Most of his time is spent in driving.
2. Most of my classmates are girls.
3. A number of applicants have already been interviewed.
4. The number of days in a week is seven.
5. More than a thousand students have participated in the demonstration.
6. More than one student has objected to the proposal.
7. More than one of the students have found Mr. Kim innocent.

[NOTE]

1, 2. 'Most[half, part, some, the rest, 분수]+of'의 경우에는 뒤에 오는 명사의 수에 동사를 일치시킨다.
3, 4. 'a number of'는 many와 뜻이 같아서 복수로 취급하고, 'the number of'는 단수로 취급한다. 'the number of'에서는 the number가 주어이다.
5, 6, 7. 'more than~'의 경우는 그 뒤에 단수 명사가 오면 단수동사로, 복수명사가 오면 복수로, 즉 'more than one'은 단수로, 'more than one of+복수명사'는 복수로 받는다.

Part 17

접속사에 관한 영작문

 **예문(1)** because, since, as, now that(이유 원인의 부사절)

1. 그녀는 흑인이기 때문에 거절당했다.

*거절하다: refuse

2. 그가 그렇게 말하니 나는 믿어야 하겠다.

*믿다: believe

3. 그녀가 가고 나니 우리는 그녀가 보고 싶다.

*보고 싶어 하다: miss

4. 나는 돈이 충분히 없기 때문에, CD플레이어를 살 수 없다.

[영작문]
1. She was refused because she was black.
2. Since he says so, I shall have to believe it.
3. Now that she is gone, we miss her.
4. As I don't have enough money, I can't buy the CD player.

1.그녀가 유색인종이어서 참 안됐다.

*(인종이)유색의: colored

2. 그녀가 아주 똑똑하다는 것은 사실이다.

*똑똑한: bright

3. 그는 그 아이를 돕지 않았다는 것을 부끄러워했다.

*부끄러운: ashamed

4. 방 안에 아무도 없어서 놀랐다.

*놀란: surprised

5. 한 가지 문제는 사람들이 신용카드를 지나치게 사용하는 경향이 있다는 점이다.

*과도하게 사용하다: overuse   ~하는 경향이 있다: tend to

6. 창문이 잠겼는지 점검해라.

*~임을 점검하다: check that

[영작문]

1. It's too bad that she is colored.
2. It is true that she is very bright.
3. He was ashamed that he did not help the child.
4. I was surprised that there was no one in the room.
5. One problem is that people tend to overuse credit cards.
6. Check that the windows are locked.

예문(3) when

1. 너는 자라서 무엇이 되고 싶니?

*자라다: grow up

2. 그녀가 어린아이였을 때 그녀의 가족은 가난했다.

*가난한: poor

3. 너는 자동차를 탈 때 안전벨트를 해야만 한다.

*입고[쓰고, 끼고, 띠고] 있다: wear

4. 네가 준비되면 내게 알려줘.

*준비된: ready

[영작문]

1. What do you want to be when you grow up?
2. When she was a child, her family was poor.
3. When you ride a car, you should wear a seat belt.
4. When you're ready, please let me know.

 as

1. 로마에 가면 로마 사람들이 하는 대로 해라.

 *로마인: Roman　　　　　하다: do

2. 그대로 두어라.

 *……의 상태로 두다: leave

3. 시간이 감에 따라, 그녀는 점점 현명해졌다.

 *(시간이)경과하다: go by

4. 우리가 길을 따라 걸어갈 때, 우리는 선생님을 만났다.

 *……을 따라서: along

5. 그는 우리들에게 시인으로 알려져 있다.

 *알려져 있는: known　　　　　시인: poet

6. 그는 가난했기 때문에 집을 살 수 없었다.

 *가난한: poor

7. 내가 너를 많이 좋아할지라도 나는 너와 살 수 없다.

 *많이: much

[영작문]

1. When in Rome, do as the Romans do.
2. Leave it as it is.
3. As time goes by, she got older.
4. As we walked along the street, we met our teacher.
5. He is known as a poet to us.
6. As he was poor, he couldn't buy a house.
7. Much as I like you, I couldn't live with you.

 **예문(5)** while, or, before, as soon as

1. 자전거를 타다가 넘어졌다.

*넘어지다: fall down   타다: ride

2. 그는 그의 돈을 노름으로 다 써 버렸고 반면에 그의 아내는 그녀의
   돈을 옷 사는 데 다 썼다.

*도박하다: gamble   반면에: while

3. 현금으로 계산하시겠습니까, 카드로 계산하시겠습니까?

*현금: cash   지불 청구: charge

4. 거실에 들어오기 전에 신발을 벗어라.

*벗다: take off

5. 그는 나를 보자마자 도망갔다.

*도망가다: run away

[영작문]

1. I fell down while riding a bike.
2. He gambled his money away while his wife spent all hers on
   dresses.
3. How would you like to pay, cash or charge?
4. Take off your shoes before you enter the living room.

5. As soon as he saw me, he ran away.

[NOTE]

1. while은 '〜하는 동안'이라는 뜻의 때를 나타내는 접속사다. while 다음에는 I was가 생략되었다.
2. 서로 상반된 이야기를 하고자 할 때 쓰는 것으로 '반면에'라는 의미이다.

 **예문(6)** if, unless(if not), suppose(supposing) that, in case

1. 만일 그에게 부탁을 한다면, 그가 너를 도울 것이다.

*부탁하다: ask

2. 내 남동생이 집에 돌아왔는지 확인하고 싶다.

*확인하다: check

3. 수업 중에 노트북 컴퓨터를 사용해도 될까요?

*수업: class

4. 학교에 있는 모든 컴퓨터들이 작동하지 않는다면 어떻게 될까?

*작동하다: work

5. 만일 열심히 일하지 않는다면 너는 실패할 것이다.

*……하지 않는다면: unless   실패하다: fail

6. 만일 그가 거절한다면 우리는 어떻게 하지?

*거절하다: refuse

7. 만일 그를 찾는다면 즉지 나에게 알려 주세요.

*즉시: at once

[영작문]

1. If you ask him, he will help you.
2. I want to check if my brother is back home.
3. Is it OK if I can use my notebook computer in class?
4. What if all the computers in the school didn't work?
5. Unless you do not work harder, you will fail.
6. Suppose (that) he refuses, what shall we do?
7. In case you find the man, please let me know at once.

[NOTE]

2. if는 '～인지 어쩐지' 3. 'Is it OK if～?' 구문 대신 'I wonder if ～' 구문으로 대체할 수 있다.
4. 'What would happen if～'에서 would happen이 생략된 형태로, '～하면 어떻게 되니?'의 의미이다.
5. unless(if ～not) '만일 ～하지 않는다면'
6. Suppose(supposing) that은 '만일 ～한다면'
7. in case(that) '만일 ～한다면', '～하는 경우를 대비하여'이다. unless, suppose, in case는 접속사이므로 다음에 '주어＋동사'의 형태가 와야 한다.

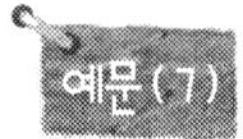예문(7) so that～, so～that

1. 그는 기차 시각에 맞추기 위해서 일찍 일어났다.

*늦지 않게: in time

2. 나는 떠나기 전에 레스토랑에 전화를 걸어서 좋은 테이블을 잡을 수 있었다.

*전화하다: phone

3. 그 쇼가 너무 흥미로워서 나는 약속을 잊었다.

*약속: appointment

[영작문]

1. He got up early so that he might be in time for the train.
2. I phoned the restaurant before I left, so that I got a good table.
3. The show was so exciting that I forgot the appointment.

[NOTE]

1. 목적(＝so as to)
2. so that＝and so(그래서, 그러므로)
3. '매우〜해서...하다'로 that 이하가 결과 부사절.

예문(8) such as

1. 의사는 나에게 햄버거와 같은 살찌는 음식은 먹지 말라고 말했다.

*지방질의: fatty

2. 나는 그와 같은 사람은 신뢰할 수 없다.

*신뢰하다: trust

[영작문]

1. My doctor told me not to eat fatty foods such as hamburgers.
2. I can't trust such a man as he.

[NOTE]

1. '……such as〜'는 '〜와 같은 ……'이라는 뜻
2. 'such……as〜'형식에서는 such 다음에는 명사가 오며, a나 an을
   형용사와 함께 쓸 경우 'such a(n)＋형용사(명사)＋as'의 형태로 쓴다.

Part
18

전치사에 관한 영작문

 **예문 (1)** without, for, on

1. 우리는 컴퓨터 없이는 거의 아무것도 할 수 없다.

*거의 ……할 수 없다: hardly

2. 어린아이들은 종종 양쪽을 보지 않고 길을 건넌다.

*건너다: cross

3. 컴퓨터는 쓰기와 교육에도 사용된다.

*사용되다: be used

4. 나는 컴퓨터 게임을 하며 밤을 새웠다.

*밤새도록: all night

5. 길에서 옛 친구를 우연히 만났다.

*우연히 만나다: run into   길거리에서: on the street

[영작문]

1. we can hardly do anything without computers.
2. Little children often cross the road without looking both ways.
3. Computers are used for writing and teaching.
4. I spent all night on computer games.
5. I ran into an old friend of mine on the street.

예문(2) among, between, by, until

1. 우리는 군중 사이에서 그를 보았다.

*군중: crowd

2. 사건은 12시와 1시 사이에 일어났다.

*일어나다: take place

3. 내일까지 숙제를 해야 한다.

*숙제 하다: do homework

4. 당신이 여기에 돌아올 때까지 기다리겠다.

*돌아오다: come back

5. 그것을 이메일로 보내주셔도 됩니다.

*보내다: send

[영작문]
1. We saw him among the crowd.
2. The event took place between 12 and 1 o'clock.
3. You have to do your homework by tomorrow.
4. I'll wait here until you come back.
5. You can send it by e−mail.

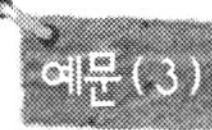 예문(3) 위치의 전치사 at과 in

1. 런던에는 볼 것이 많다.

*물건[것]: thing

2. 그는 호텔에 묵고 있다.

*머무르다: stay

3. 서둘러! 5분이 지나면 기차가 떠나.

*떠나다: leave   분: minute

4. 그녀는 공개적으로 사과해야만 했다.

*공개적으로: in public   사과하다: apologize

5. 나는 문을 두드리고 그녀에게 사적으로 얘기할 수 있는지 물었다.

*사적으로: in private   두드리다: knock

[영작문]
1. There are many things to see in London.
2. He is staying at the hotel.
3. Hurry! The Train leaves in five minutes.
4. She had to apologize in public.
5. I knocked on the door and asked if I could talk to her in private.

예문(4) 위치의 전치사 on, over, above, under, below

1. 언덕 위에는 하얀 집이 있다.

*언덕: hill

2. 그 강 위로 긴 다리가 하나 있다.

*다리: bridge

3. 달이 언덕 위로 떠올랐다.

*떠오르다: rise – rose – risen

4. 고양이는 의자 아래에 있다.

*아래에: under

5. 그들은 우리 아래층에 산다.

*층: floor

[영작문]
1. There is a white house on the hill.
2. There is a long bridge over the river.
3. The moon has risen above the hill.
4. The cat is under the chair.
5. They live on the floor below us.

예문(5) 위치·방향의 전치사 up과 down

1. 아이들은 나무 위로 올라갔다.

*오르다: climb

2. 할머니께서 계단에서 넘어지셨다.

*넘어지다: fall down   계단: stairs

예문(6) 전치사＋the＋신체부위

1. 그는 그녀의 어깨를 가볍게 쳤다.

*가볍게 치다: pat

2. 그녀는 그의 소매를 잡았다.

*잡다: catch – caught – caught   소매: sleeve

3. 그는 내 머리를 때렸다.

*때리다: strike – struck – struck

4. 그 개는 그의 다리를 물었다.

*물다: bite – bit – bit(ten)   다리: leg

5. 나는 그녀의 손을 잡았다.

*잡다: take

6. 나는 그녀의 뺨에 키스했다.

*뺨: cheek

[영작문]

1. He patted her gently on the shoulder.
2. She caught him by the sleeve.
3. He struck me on the head.
4. The dog bit him on the leg.
5. I took her by the hand.
6. I kissed her on the cheek.

예문(7) 기타

1. 우리는 적들에 대항해 싸웠다.

*대항하여 싸우다: fight against

2. 나는 여러 나라의 우표를 모으는 것을 좋아한다.

*수집하다: collect   우표: stamp

3. 현금으로 계산하실 겁니까?

*현금으로 계산하다: pay in cash

4. 우리는 해변 근처 식당에서 아침을 먹었다.

*근처: near   해변: beach

5. 우리는 서울에서 속초까지 차를 몰았다.

*A에서 B까지: from A to B   차를 몰다: drive - drove - driven

6. 놀랍게도, 어떤 사람들은 교통 신호등을 지키지 않았다.

*준수하다: obey   교통 신호등: traffic light

7. 그들은 공원으로 가는 내내 이야기를 했다.

*줄곧, 내내: all the way to~

8. 나는 학교로 가는 도중에 친구들을 만났다.

*~로 가는 도중에: on one's way to

9. 그는 선물을 침대 옆에 놓아두었다.

*옆에: beside

10. 나는 그녀의 결함에도 불구하고 그녀를 사랑한다.

*……임에도 불구하고: despite

11. 어떤 것도 우리가 가는 것을 막을 수 없다.

*……가 ~하는 것을 막다: prevent …… from~

12. 20세기 말경부터 컴퓨터는 아주 흔하게 되었다.

~경, 무렵: toward

[영작문]

1. We fight against the enemy.
2. I like collecting stamps of many countries.
3. Do you want to pay in cash?
4. We had breakfast in a restaurant near the beach.
5. We drove from Seoul to Sokcho.
6. To my surprise, some people did not obey the traffic lights.
7. They talked all the way to the park.
8. I met my friends on my way to school.
9. He left the present beside bed.
10. I love her despite her faults.
11. Nothing will prevent us from going.
12. Computers got to be very popular toward the end of twentieth century.

[NOTE]

6. 'to one's + 감정명사'의 구문은 '~가 ……하게도'라는 뜻으로 문장 전체를 수식하는 역할을 한다. 감정명사에는 surprise, joy, happiness, disappointment, regret이 있다.

정효숙 ——————————————————————————————

▌약력

　성신여자대학교 영어영문학과 졸업
　성신여자대학교 대학원 영문학 석사
　경희대학교 경영대학원 관광경영학 석사
　숭실대학교 영문학 박사
　현, 한영신학대학교 선교영어학과 교수

▌주요논문 및 저서

　『호텔영어』
　「릴리언 헬먼의 작품에 나타난 젠더 역할 연구」
　「Shakespeare의 Plutarch 연구」
　「Between Comedy and Tragedy: Measure for Measure,
　　　　All's Well that Ends Well을 중심으로」
　「Death of a Salesman과 The Crucible에 나타난 여성인물 연구」
　「성역할의 관점에서 본 Albee의 Martha에 관한 연구」

4
쉽게 배우는

초판인쇄 | 2009년 5월 30일
초판발행 | 2009년 5월 30일

지은이 | 정효숙
펴낸이 | 채종준
펴낸곳 | 한국학술정보㈜
주　소 | 경기도 파주시 교하읍 문발리 파주출판문화정보산업단지 513-5
전　화 | 031) 908-3181(대표)
팩　스 | 031) 908-3189
홈페이지 | http://www.kstudy.com
E-mail | 출판사업부　publish@kstudy.com

등　록 | 제일산-115호(2000. 6. 19)
가　격　　25,000원

ISBN　　　　　　　　　　　_0 (Paper Book)
　　　978-89-534-3490-5 98740 (e-Book)

은 시대와 시대의 지식을 이어 갑니다.